Éditeur : On Off Line sprl
Avenue Louise 523
1050 Bruxelles
Tél. : +32 2 880 80 88
ISBN : 978-2-39035-006-4

Date de publication : Novembre 2018

Illustrations : de l'auteur et issues de Pixabay (sous licence "Creative Commons Zero").

Utilisation professionnelle et Vente

Table des matières

Introduction

Présentation de l'auteur

PITAC est fort réputé dans le monde du marketing des réseaux social (social marketing), mais aussi dans celui du "Growth Hacking" (dopage de croissance).

C'est un homme de l'ombre.
Il conseille et accompagne les plus grandes entreprises : banques, assurances, compagnies aériennes, eshop, télécom, transports, luxe, mode, informatique, etc.

Mais ne cherchez pas à le rencontrer, il est connu de peu de personnes et accepte des missions via des intermédiaires.

Cette discrétion lui permet d'avoir une totale liberté quant aux techniques qu'il peut utiliser : classiques, "white hats" ou "black hats".
Vous retrouverez l'ombre de celles-ci dans cet ouvrage, même si celui-ci se veut original dans son approche, mais principalement prudent dans ses techniques.

PITAC déclare souvent qu'Instagram reste un de ces réseaux sociaux préférés, preuve en est le nombre important d'astuces révélées dans cet ouvrage.

Bonne lecture !

L'éditeur

Du même auteur, paru ou à paraître :

- Le Growth Hacking d'Instagram
- Instagram, techniques de vente avancées
- Vendre grâce LinkedIn
- Le Growth Hacking de Twitter & Facebook

Introduction

Instagram a le vent en poupe.

Quand il a franchi la barre symbolique d'un milliard d'utilisateurs, la planète entière a pris (enfin) conscience que la plateforme commençait à faire de l'ombre à son propriétaire (Facebook) et était désormais un média social qui compte.

En effet, on voit de plus en plus de "moins de trente ans" déserter Facebook pour s'intéresser à ce média social pas comme les autres.

Les entreprises, elles, frileuses au départ, se sont rendu compte qu'elles ne pouvaient plus reculer et qu'il fallait intégrer ce réseau social dans leur stratégie marketing globale.

Pas facile pour les entreprises qui ne font pas partie du groupe des "créateurs" (mode, décoration, artisanat, art, gastronomie, etc.) !
Ceux pour qui la communication visuelle faisait partie de leur ADN et qui avaient besoin de "montrer" ce qu'ils font.
Elles ont dû entreprendre un travail de réflexion que nous aborderons ici.

Mais c'était le passé et, maintenant, Instagram est devenu l'espace idéal pour toutes les entreprises qui désirent communiquer visuellement et s'intégrer dans cette communauté un peu particulière.

Car la plateforme a en elle-même des spécificités difficiles à appréhender de prime abord, car différentes des autres réseaux sociaux :

- L'impossibilité de repartager facilement une publication (mais ce livre vous apprendra comment procéder).
- La difficulté de rajouter un lien cliquable dans une légende, ce qui est plus compliqué pour vendre (il existe des moyens expliqués ici).
- La maîtrise de l'usage effréné des hashtags (un long chapitre y est consacré)
- L'utilisation imposée de l'application mobile (mais également contournable ...)
- Etc.

Pour réussir à l'utiliser d'une manière professionnelle et commerciale, il est indispensable d'en comprendre la mentalité, les codes et les astuces.

Mais la plateforme mérite bien de petits efforts !
Instagram est avant tout un outil pour faire connaître et surtout faire aimer sa marque, son entreprise, ses produits, son équipe.

Instagram est le moyen idéal pour se construire une réelle image de marque, bâtir une communauté au facteur sympathie élevé et dialoguer d'une manière beaucoup plus positive que, par exemple, sur Facebook.

Ensuite, nous verrons qu'il est possible de vendre et même de bien vendre.
Et ainsi de profiter d'un engagement de ses abonnées nettement supérieur aux autres réseaux sociaux.
En effet, le taux d'engagement est 60x plus élevé que sur Facebook !

Préparation

Se fixer des objectifs

Je donne à mes clients toujours le même conseil avant de se lancer sur quelque réseau social que ce soit : "ayez toujours une stratégie **lucide**, **informée** et **mesurable** avant de vous lancer" !

Pour différentes raisons :

- **Lucide**, car il est inutile de se fixer des objectifs inaccessibles, car c'est le meilleur moyen de se décourager facilement. Cela semble évident, mais je vous assure que c'est un aspect plus répandu que vous ne le croyez … Donc fixez-vous des objectifs réalistes (ambitieux ou non) et rappelez-vous qu'il est souvent plus efficace de concevoir une stratégie en plusieurs étapes que de vouloir foncer trop hâtivement …
- **Informée**, car comment mettre en place un plan de bataille, évaluer les ressources nécessaires, juger des compétences indispensables et maîtriser le retour sur investissement, si vous ne savez pas exactement, et dans les détails, ce qui vous attend ?
- **Mesurable**, car en fonction de ce que vous avez appris et de vos ressources disponibles vous pourrez, d'une part, vous fixer des objectifs beaucoup plus précis. Et, d'autre part, vous pourrez mieux juger, quand viendra le moment du bilan provisoire, si vous avez atteint votre objectif, s'il doit être réévalué et si vous devez modifier votre stratégie …

●

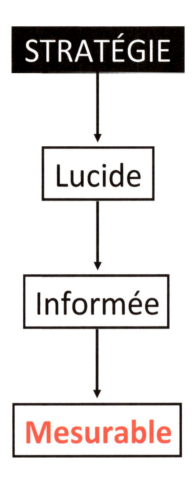

Donc pour fixer vos objectifs sur Instagram, répondez aux questions suivantes :

Quel est votre objectif de communication prioritaire ?	
Quelle image voulez-vous présenter de votre entreprise ou de vous-même ?	
Quelles sont votre philosophie & vos valeurs ?	
Quelle impression votre compte doit-il donner aux utilisateurs ?	
Les messages doivent-ils motiver, donner une impression positive, raconter une histoire ?	
Quel type de contenus et combien de ceux-ci pouvez-vous produire cette année ?	
Voulez-vous vendre rapidement ou avez-vous le temps de vous construire une communauté ?	
Combien de nouveaux abonnés désirez-vous cette année ?	

Vous ne pourrez poster un contenu approprié que lorsque vous aurez répondu à ces questions.
De cette façon, vous connaîtrez exactement les objectifs à atteindre.

Connaître sa cible

Pour se fixer des objectifs et concevoir une stratégie solide, il faut savoir à qui on veut s'adresser.

Je vois beaucoup de chefs d'entreprise "partir à la pêche aveugle". Et si la pêche n'est pas bonne, "rendre les cannes à pêche responsables".
Dicton un peu bizarre, mais tellement vrai …
Je ne suis pas pêcheur même si j'adore le poisson.
Et je ne conçois pas le marketing de cette façon.

Faites les bons choix !

- Vous pouvez avoir un produit ou un service qui intéresse tout le monde.
  Mais est-ce que vous désirez réellement avoir n'importe qui comme client ?
- Est-ce que vous ne préférez pas vous concentrer sur le type de client qui commandera beaucoup et régulièrement, plutôt que sur celui qui vous commandera une seule fois et pas toujours dans les meilleures conditions ?
- Peut-être même que vous désirez vous tourner vers un autre type de client, élargir votre panel clientèle ?
- Peut-être que vous désirez retrouver votre "client idéal" (pour faire simple, votre client idéal est celui qui dans votre portefeuille client vous rapporte le plus d'argent et le moins de soucis).

Pour bien définir votre cible, nous allons avoir recours au "persona"

L'aide des personas

S'il n'est pas possible pour vous de personnaliser à l'extrême les informations clients ou que pour certains vous disposez d'informations incomplètes, il existe un autre moyen de procéder.

Ce sont les personas.
Une persona est, dans le domaine marketing, un personnage imaginaire représentant un groupe ou un segment cible.
Il est représenté par une fiche avec un "portrait-robot" pour chaque type d'interlocuteur.

Concrètement, cela peut prendre la forme d'un fichier texte ou d'une fiche avec un look plus visuel.
Certains vont même jusqu'à mettre une photo sur chaque fiche pour visualiser l'interlocuteur ... !

Il existe de nombreux outils en ligne pour créer "visuellement" des personas :
- hubspot.com/make-my-persona
- http://personapp.io/
- http://www.upcloseandpersona.com/
- https://xtensio.com/user-persona/
- Etc.

Source : xtension.com

En fait, les "buyers personas" correspondent au portrait-robot de vos profils clients, on y définis, par exemple :

- Âge
- Parcours
- Job / horaires de travail
- Situation familiale
- Localisation
- Personnalité
- Buts
- Frustrations
- Motivations
- Influences
- Sources d'informations
- Moyens de communication
- Etc.

L'idée est de rassembler en petits groupes, les clients qui ont (ou qui semblent avoir) le même profil et les mêmes besoins.
Ce n'est pas une technique parfaite, mais elle vous permettra de concevoir vos messages visuels et textuels en ayant l'impression de vous adresser à une personne bien précise.

⬚

Le secret : des petits groupes

Il est nécessaire de réunir toutes les informations disponibles et de sélectionner les critères les plus importants qui seront la base de la segmentation.

N'oubliez pas de créer des groupes, les plus précis possible, avec les mêmes caractéristiques et les mêmes besoins.
Indispensable pour savoir comment parler à vos clients de manière plus adéquate !

Ne faites pas des segments trop larges, s'ils risquent de manquer de précision.

Évitez également les segments trop précis qui comporteront peu de personnes concernées. Les efforts marketing réalisés sur des groupes-cibles trop petits risquent de ne pas apporter le retour sur investissement espéré.

Ensuite, il ne faudra pas oublier d'évaluer la pertinence de chaque persona et de son rapport précision / qualification.

Enfin, n'hésitez pas à transférer, si nécessaire, des profils d'une persona à une autre plus adaptée.

Utilisez-les pour tout

Pour bien faciliter l'embarquement des abonnés (clients et prospects) dans votre stratégie de communication et de fidélisation, il faut prévoir un ton et un contenu adapté à chaque persona.
Vous ne vous adresserez pas de la même manière à un entrepreneur qui lance sa startup, qu'à un responsable informatique d'un grand groupe.

Pourtant, tous pourraient être vos clients.

À vous d'adopter votre ton, votre style et votre contenu pour les intéresser, les toucher et répondre à leurs attentes !

Les questions essentielles

Maintenant que vous savez un peu plus clairement à qui vous vous adressez, il faudra se poser quelques questions cruciales pour chaque persona :

Sur quels médias sociaux ma cible est-elle présente ?	
Est-elle active sur Instagram ?	Oui / Non
Sinon, dois-je l'y amener ?	Oui / Non
Est-ce que mes concurrents convoitent la même cible ?	Oui / Non
Si oui, comment font-ils pour la séduire ?	
À quel contenu celle-ci réagit-elle le mieux ?	
Avec quels hashtags ?	
Qu'ai-je comme plus-value pour conquérir ma cible ?	
Etc.	

Mettre en place le multicanal

Placez Instagram dans votre stratégie globale

Avant d'investir et de vous investir dans Instagram, vous devez déterminer quelle place ce réseau social aura dans votre stratégie globale.

Cette interrogation vous permettra d'affiner vos objectifs et de mieux rentabiliser vos efforts sur la plateforme.

Car Instagram, comme tout canal de Communication, a un coût en personnel, matériel et en temps presté.

Ne le sous-estimez pas non plus dans son efficacité !
Efficacité dépendante de la place que vous lui laisserez dans votre stratégie marketing globale.
Instagram concerne votre image de marque, ne l'oubliez pas.

La méthode la plus simple

Une manière simple de le faire est de vous baser uniquement sur le R.O.I. (retour sur investissement) potentiel. D'autres analyses existent, beaucoup plus sophistiquées, mais si vous débutez dans cet exercice, voici la méthode la plus simple :

1. Prenez votre tableur favori (Excel, par exemple)
2. Dans la première colonne, établissez la liste des canaux de communication que vous comptez utiliser cette année ou dans un délai précis.
3. Dans la seconde colonne, répartissez le pourcentage d'apport en clientèle que vous espérez pour chaque canal (pour arriver à un total de 100%). Basez-vous sur vos expériences, celles de votre équipe commerciale ou sur une simple approximation.
   Ce pourcentage vous servira également à la répartition de vos moyens (personnel, matériel, financier, etc.) en termes de communication.
4. Prévoyez une troisième colonne, mais que vous remplirez après la période déterminée au départ. Elle vous permettra de calculer un "cout d'acquisition" (rapport entre le nombre de clients acquis via chaque canal et le budget investi).

L'étape la plus laborieuse est la mise en place de cet indicateur basique.
La deuxième année, vous y verrez déjà plus clair et vous pourrez ventiler vos investissements de manière plus judicieuse …

Vous pourrez aussi, par la suite, remplacer le pourcentage d'apport en clientèle par des chiffres précis ou par un coût d'acquisition prévisionnel.

Je reviendrai plus en détail sur ce point dans mon prochain ouvrage sur les techniques professionnelles avancées d'Instagram.

Mettez en place un système de tracking

Pour mener à bien le calcul du "coût d'acquisition", vous devez vous donner les moyens d'identifier vos sources d'acquisition et d'être à même de suivre le processus de vente jusqu'à son aboutissement.
Il existe de nombreuses solutions techniques pour cela, n'hésitez pas à consulter un spécialiste qui vous conseillera en fonction de vos besoins spécifiques.

L'analyse des retombées de trafic sur votre site web me paraît être indispensable via Google Analytics ou équivalent.

La tenue d'une comptabilité analytique sera également précieuse pour une bonne analyse de votre R.O.I.

Pensez "global"

Nous allons examiner ensemble comment vous créer une "communauté" sur Instagram et comment leur vendre vos produits et services.

Mais si vous désirez obtenir le meilleur retour sur investissement de vos efforts sur Instagram, vous devez "jouer le jeu" et mettre Instagram dans votre stratégie globale de communication.

Pour ce faire, vous devez en faire la promotion dans tous vos moyens de communication, y compris physiques (la vitrine de votre point de vente, vos cartes de visite, votre menu) au même titre que vos autres canaux de communication.

Au niveau de l'ensemble de votre stratégie en social marketing, il est à noter qu'utiliser le même identifiant sur tous vos réseaux sociaux rendra cette communication plus limpide.

Promotionnez "large"

1. Lorsque vous commencerez à publier sur Instagram, faites-le savoir sur vos autres réseaux sociaux.
   Il suffit pour cela de publier une annonce qui signale que vous posterez dorénavant un contenu spécifique sur Instagram.

2. N'hésitez pas à donner plus de visibilité à vos meilleures publications Instagram, en particulier sur Twitter et Facebook.
   Puisqu'Instagram vous permet de partager facilement vos publications Instagram sur ces deux réseaux lors d'une publication.

3. N'oubliez pas de répercuter vos publications Instagram sur votre site web.
   De petites applications vous permettent d'afficher votre compte et vos publications faites sur Instagram dans une galerie spécifique.
   Idem pour votre blog ou vos autres présences sur le web, n'hésitez pas à créer des ponts entre eux.

4. D'une manière plus ponctuelle, vous avez pris une photo absolument incroyable et vous souhaitez la partager sur votre blog ? Accédez à Instagram, trouvez l'image que vous souhaitez partager, cliquez sur les trois petits points et choisissez l'option Intégrer. Le code qui vous sera suggéré vous permettra d'intégrer cette photo n'importe où sur votre site web …

5. Sur votre site web, permettez à vos visiteurs de liker vos articles sur Instagram (et sur les autres réseaux sociaux) grâce à bouton spécifique en dessous de chaque article.

Présence sur plusieurs médias sociaux ?

Êtes-vous présents sur plusieurs réseaux sociaux ?
Devez-vous être présents sur plusieurs réseaux sociaux ?
Ces médias sociaux doivent-ils "communiquer" entre eux ?
Ou devez-vous les considérer comme des espaces spécifiques et indépendants les uns des autres ?

À toutes ces questions, il y a une réponse, mais qui n'est jamais unique. Car elle dépendra de vos moyens, de votre activité, de votre stratégie et, surtout, de vos clients et prospects.

Devez-vous être présents sur plusieurs réseaux sociaux ?
- **Réponse 1** : si vous n'avez pas beaucoup de ressources (temps, équipe, moyens financiers), mieux vaut être présent sur un seul réseau social et s'y investir pleinement, plutôt que sur plusieurs, mais de manière superficielle !
- **Réponse 2** : si vos clients et prospects sont présents sur plusieurs réseaux sociaux, en théorie, vous devriez y être aussi (mais se reporter à la réponse 1) …
- **Réponse 3** : n'oubliez pas un autre réseau social dont nous ne parlerons pas ici, LinkedIn où il important d'être présent aussi en tant qu'entreprise … (là, je ne vous aide pas, désolé …)
- **Réponse 4** : si vous en avez les ressources, choisissez avec réflexion et analyse quels réseaux sociaux sont intéressants pour vous, vos clients, vos prospects et donnez-leur un rôle spécifique

Synergies entre vos différents réseaux sociaux

Ces médias sociaux doivent-ils "communiquer" entre eux ?

- **Réponse 1** : Oui, c'est en tout cas possible. Dans le cas d'Instagram, votre publication pourra facilement être repostée sur votre page Facebook ou sur votre compte Twitter, ces deux réseaux étant liés à Instagram dans l'espace de publication. Cela vous permettra d'élargir la portée de votre message sur les 2 communautés.

- **Réponse 2** : si vous utilisez des "gestionnaires de contenu" ou "aides à la publication" (voir la rubrique "des outils pour vous assister"), ils vous permettront de poster le contenu créé sur plusieurs réseaux sociaux d'un simple clic. Pratique, mais à analyser au niveau de votre stratégie et du principe de duplication de contenu...

- **Réponse 3** : pouvez-vous aussi considérer que chaque réseau social a sa particularité et poster un contenu différent sur chaque réseau social
  Un exemple de ventilation de contenu dans les différents réseaux sociaux :
    - LinkedIn :   Votre entreprise et votre équipe
    - Facebook : Nouvelles générales, événements, anecdotes et sondages
    - Twitter :   Informations sectorielles et technologiques
    - Pinterest : Les "choses que vous aimez", les trucs et astuces.
    - YouTube :   Concours et vidéos pratiques
    - Instagram : Images en coulisses de votre travail et de votre entreprise, nouveaux produits, image de marque.

- **Réponse 4** : vous pouvez aussi considérer que chaque réseau social vous donne accès à un public (une ou des cibles) différent. Et que vous devez chaque fois adapter votre message et/ou son support à chaque cible et à chaque média.

Réflexion personnelle

Quand on consulte les statistiques, les internautes semblent être majoritairement présents sur plusieurs réseaux sociaux, mais, dans les faits, chaque internaute semble passer beaucoup plus de temps sur un seul réseau social et être actif de manière épisodique sur un autre réseau.

De leur côté, les réseaux sociaux travaillent de manière ardue pour rendre leur plateforme la plus addictive possible, ce qui risque de renforcer ce type de comportement des internautes ...

Parallèlement, les réseaux sociaux se copient mutuellement et leur spécificité s'estompe. Par exemple, on peut poster des photos et des vidéos sur tous les réseaux sociaux (autrefois réservées aux plateformes spécialisées comme YouTube).
Les "stories" imaginées par Snapchat sont maintenant disponibles sur presque tous les réseaux. Etc.
Reste un style, un fonctionnement qui correspond à certains types d'utilisateurs.

Donc, je pense qu'au vu de ces constatations, la réponse 4 devient de plus en plus pertinente : chaque réseau représente une Communauté particulière à traiter de façon particulière ...

Faites preuve de cohérence

Si vous avez décidé d'être présent sur plusieurs réseaux sociaux, certaines règles doivent s'appliquer au nom de la cohérence

- <u>Le nommage des comptes</u>. Il serait préférable d'obtenir le même nom de compte sur tous vos réseaux sociaux pour que les personnes qui vous cherchent puissent vous trouver facilement.

-
- Voici les règles de nommage pour les principaux réseaux sociaux :
  - o Instagram : des lettres, chiffres, "." et "_".
  - o Twitter : lettres, chiffres et uniquement "_"
  - o LinkedIn : lettres ou chiffres. Pas d'espaces, de symboles ou de caractères spéciaux.
  - o Facebook : lettres, chiffres et uniquement "."

  - o Pour la plupart, la règle est de 5 caractères minimum

- Donc en résumé, favorisez les lettres et les chiffres.
- Si nécessaire utilisez le "_" pour séparer vos mots (et "." uniquement pour Facebook) !

- Exemples :
  - o *https://www.instagram.com/monnom <u>ou</u>* https://www.instagram.com/mon_nom

  - o *https://twitter.com/monnom <u>ou</u>* https://twitter.com/mon_nom

  - o https://be.linkedin.com/in/monnom

  - o *https://fr-fr.facebook.com/monnom <u>ou</u>* *https://fr-fr.facebook.com/mon.nom*
    -

- Pour vous aider, vous pouvez employer un outil en ligne qui vous dira directement quel(s) nom(s) d'utilisateur sont disponibles sur la plupart des réseaux sociaux : https ://namechk.com/.

- La photo :
  - D'une part, il est conseillé de choisir une photo de vous, en format portrait, de qualité correcte (pas de photo de vacances)
  - Ou un logo d'entreprise bien formaté.
  - D'autre part, dans le même souci de cohérence, il est conseillé d'utiliser **la même image sur tous les réseaux sociaux** …

Évaluer ses moyens opérationnels

Peut-être parce que c'est dans ma nature ou est-ce ma formation ou encore mes expériences professionnelles, je ne sais pas, mais je me dis : "il faut se donner les moyens quand on désire entreprendre quoi que ce soit et plus encore quand c'est de manière professionnelle".

Concernant Instagram, il ne sert à rien de se connecter une fois par mois et de publier 10 images consécutivement.
Et puis, plus rien !

Il a été prouvé qu' :
- Inonder le fil d'actualité de vos abonnés de plusieurs photos est mal accepté.
- Être rarement "visible" ne pousse pas vos abonnés à un engagement vis-à-vis de votre compte, engagement pourtant vital sur Instagram.

De nombreux comptes ont été abandonnés parce qu'ils ne poursuivent pas une stratégie à long terme et respectueuse ... des besoins de ses abonnés !

Car les deux clés du succès sur Instagram sont **Régularité** et **Implication** ! Seuls ceux qui sont constamment présents, publient régulièrement et dialoguent avec leurs abonnés peuvent laisser une impression durable dans l'esprit de ceux-ci.

Au lieu de publier 10 photos d'un seul coup, il est préférable de publier 2 photos par jour sur 5 jours ... !

Mais pour assurer cette régularité, il faut s'en donner les moyens !

Les bonnes questions à se poser :
- Avez-vous la capacité de produire du contenu visuel ou vidéo régulièrement ?
- Avez-vous les ressources pour suivre et répondre aux différents commentaires à la suite de vos publications ?
- Avez-vous le temps de développer votre communauté par des actions quotidiennes ?

Voyons cela en détail.

Équipe

Scénario 1 : vous travaillez seul et vous devez porter entièrement votre positionnement sur Instagram. C'est totalement possible. Sachez seulement que vous devrez investir 1 à 2 heure(s) par jour pour atteindre des résultats probants.

Scénario 2 : vous avez une petite équipe, mais qui n'est pas dédiée au Community management.
La solution la plus simple : divisez le travail en 3. Une part pour les photos / vidéos, une part pour le texte et une part pour le travail d'animation (commentaires & développement de la communauté). Chacun pourrait y consacrer environ une demi-heure par jour + une réunion hebdomadaire pour décider du contenu de la semaine et faire le point ...

Scénario 3 : vous disposez d'un Community manager. Fixez avec lui les objectifs, le contenu et surveillez les résultats. N'oubliez pas d'impliquer l'ensemble de l'équipe dans le processus. Vos salariés sont vos meilleurs supporters et ambassadeurs de votre entreprise.

Sollicitez-les !

Et pourquoi pas, organiser des concours internes ou des séances d'intelligence collective afin de booster votre compte !

L'engagement de votre équipe est aussi important que l'engagement de vos abonnés (ou presque) ...

Matériel

Scénario 1 : Au niveau matériel, sachez qu'un iPhone ou un bon smartphone sera souvent suffisant.

Si vous avez peu de moyens et que vous êtes seul, c'est la solution la plus logique
Surtout parce qu'Instagram a été conçu pour que tout passe par l'application mobile (publication, traitement des images, etc.).

Et de nombreuses applications tierces peuvent vous apporter de nombreuses ressources.

Ainsi, vous partagez des photos ou des vidéos prises directement avec l'application ou stockées dans l'album photo de votre téléphone. Dans les deux cas, quand vous affichez la photo dans l'interface, vous pouvez facilement la recadrer, appliquer des filtres et faire des réglages pour l'optimiser.

Les applications telles qu'Instagram contribuent à la pratique de la "phonéographie", ou photographie avec un téléphone mobile (source : Wikipédia).

Si besoin, vous pouvez transférer des images de votre ordinateur vers votre mobile en utilisant, soit la connexion par câble, par réseau ou via le cloud (iCloud, Google Drive, Dropbox, Box ou autre).

Scénario 2 : Vous préférez travailler sur ordinateur ou avoir la possibilité d'utiliser ordinateur ET smartphone.

"En principe", il est possible de visualiser votre compte sur ordinateur, mais pas de poster directement sur Instagram depuis votre pc.

C'est pourtant possible et je vous indiquerai un moyen simple (dans la rubrique "Publier sur Instagram") pour retrouver les mêmes fonctionnalités sur votre PC que sur l'application.

L'utilisation d'un ordinateur vous offrira une meilleure ergonomie (clavier, souris, grand écran) et davantage de possibilités (puissance, stockage, programmes, accessoires, connexion, etc.).

Scénario 3 : vous désirez utiliser Instagram de la manière la plus professionnelle possible et vous avez besoin d'utiliser du matériel plus sophistiqué comme un appareil photo ou une caméra, des logiciels professionnels, etc.

Vous devrez donc mettre en place une réelle production visuelle basée sur ces ressources et souvent appuyée d'une équipe de professionnels.

Mais n'oubliez pas qu'Instagram reste "mobile first" !
Vous devrez donc "jongler" avec vos différentes applications et devices pour obtenir un workflow fluide.
Mais la qualité est probablement à ce prix …

Et la vidéo ?

La vidéo prend une place de plus en plus importante sur Instagram.
Si vous le pouvez, je vous conseille donc d'alterner publication de photos et de vidéos.

L'idéal est de publier des vidéos avec une bonne qualité d'image et de son, agrémentées d'un bon montage.

Car il est prouvé qu'une vidéo de haute qualité a plus de chance d'avoir du succès.
Les internautes deviennent de plus en plus exigeants.

Smartphone ou caméra

Il n'est pas évident de choisir le bon matériel pour réaliser une vidéo, l'améliorer et faire un montage même rudimentaire.

Pour produire une vidéo en format vertical comme imposé par Instagram, il est plus difficile de faire un tournage avec une caméra traditionnelle conçue pour le format horizontal.

Parallèlement, Instagram semble privilégier l'instantanéité et la spontanéité que l'on peut, en principe, avoir avec son mobile (on peut également faire une mise en scène quel que soit le matériel utilisé, mais c'est le principe évoqué par Instagram).

Pourtant, obtenir un bon résultat est pourtant plus difficile quand on filme avec son smartphone qu'avec une caméra pour d'autres raisons :

- Il faut déjà investir dans des smartphones haut de gamme pour avoir une définition élevée.
- La légèreté de l'appareil ne favorise pas une bonne stabilité d'image même si celle-ci peut être compensée artificiellement.
- Le son n'est pas toujours optimum et les possibilités de le gérer sont très limitées.
- Le tournage peut être perturbé par des notifications, appels, messages, etc.
- Et les possibilités de montage seront toujours plus restreintes sur mobile que sur PC.

Donc beaucoup choisissent le compromis, comme par exemple :

- Un bon smartphone, plutôt haut de gamme et à double focale.
- Un trépied pour une meilleure stabilité pour les prises statiques.
- Une poignée ou un grip pour une meilleure prise en main (et l'ajout d'accessoires) pour les prises de vue mobiles.
- Un micro externe.
- Une batterie d'appoint.

Le montage se faisant sur PC avec les logiciels adaptés.

Conseil

Mais d'autres formules sont possibles, surtout si l'on désire produire des vidéos de plus de 60 secondes.

L'important dans vos choix de matériel est, d'une part, votre confort d'utilisation. Et d'autre part, vous devez prendre en compte la qualité du résultat.

Ne prenez pas à la légère ce dernier point.
Les vidéos de mauvaise qualité peuvent paraître "sympas" sur un compte perso. Rarement sur un compte professionnel.

À l'autre extrême, il ne faut pas viser des standards de qualité trop élevés pour les besoins du web. Par exemple, une qualité HD sera suffisante en rapport avec une qualité 4K qui devra être compressée par la plateforme, car trop lourde à diffuser …

Logiciels et applications

Retouche photo

L'application Instagram a, dès sa conception, été conçue pour améliorer les photos prises par des smartphones après la prise de vue et donner des "effets" pour rendre ces photos plus jolies ou plus originales.

Vous pouvez déjà grâce à elle : recadrer, faire pivoter, ajouter un filtre, etc.

Les fonctions sont donc bien conçues (même si je vous conseillerais d'autres applications différentes ci-dessous).

Notons qu'il est facile ensuite de repartager ces photos ainsi modifiées sur d'autres médias sociaux, car les photos retravaillées sont automatiquement sauvegardées dans l'album photo de votre smartphone.

Mais l'engouement pour ce réseau social a poussé de nombreux développeurs à créer des applications tierces qui proposent d'autres possibilités de modifier et d'embellir vos photos.

En voici une sélection :

Nom	URL	Type	Prix	Utilisations
Blend Editor	App Store Play Store	Appli iOS & Android	Gratuit	Application idéale pour la fusion de photographies. Sélectionnez deux photos de votre smartphone afin d'en composer un mix original.
Diptic	dipticapp.com	Appli iOS & Android. Également Windows & Mac.	Gratuit	Permet de réaliser des collages de différentes photos, avec une gamme de paramétrages et de formats très importante dont les "lives".
Facetune	App Store	Appli iOS	Gratuit	Parmi ses nombreuses

	Play Store	& Android	/ 2,99€	fonctions, permet de "lisser" vos photos pour estomper un défaut ou rendre vos portraits parfaits. Gratuit avec publicité.
ImageQuote	App Store Play Store	Appli iOS & Android	Gratuit	Permet d'ajouter du texte sur les images que vous désirez publier.
InstaSize	App Store Play Store	Appli iOS & Android	Gratuit	Retouche photos, filtres, ajout de test, collage, lissage, etc.
iWatermark	App Store Play Store	Appli iOS & Android	Gratuit	Permet d'ajouter du texte (par exemple votre nom) ou votre logo sur toutes les images que vous désirez publier pour les protéger du vol.
Layout	App Store Play Store instagram.com	Appli iOS & Android	Gratuit	Permet de faire un photomontage de plusieurs images. Conception : Instagram
Panoragram	App Store	Appli iOS	Gratuit	Partagez jusqu'à 10 photos et vidéos dans une seule publication, à la manière d'un album.
PhotoDirecto r	App Store Play Store	Appli iOS & Android	Gratuit / 9.99€	Équivalent ou presque du logiciel PC de Cyberlink
PicLab	museworks.co/ piclab	Appli iOS & Android	Gratuit	Permet d'ajouter du texte & des logos sur les images que vous désirez publier.
Picsart	App Store Play Store	Appli iOS & Android	Gratuit	Permet des effets, collages, stickers, ajout de textes, etc. Application très riche en fonctionnalités.
PicStitch	App Store Play Store	Appli iOS & Android	Gratuit	Permet de réaliser des collages de différentes photos avec jusqu'à 245 différentes configurations.
Pixlr	App Store Play Store pixlr.com	Appli iOS & Android. Et Service web.		Retouche de photos : recadrage, rotation, correction des yeux rouges, ajustement des couleurs, contraste, netteté, filtres et effets.

Retrica	retrica.co	Appli iOS & Android	Gratuit	Retrica permet d'appliquer des filtres en temps réel, c'est-à-dire AVANT la prise de vue pour juger de l'apparence potentielle. Vous pouvez également y créer directement des gifs animés et des collages.
Snapseed	App Store Play Store	Appli iOS & Android	Gratuit	Optimisation de vos photos : correction automatique, réglage sélectif, correction manuelle, rotation, recadrage, filtres personnalisés. Outil très puissant et largement répandu.
Videohance	App Store	Appli iOS	Gratuit	Optimisation et modification de vos fichiers vidéo
VSCO	App Store Play Store	Appli iOS & Android	Gratuit / $19.99 / an	Célèbre pour ses filtres photo A6 & HB2 (gratuits). D'autres filtres originaux disponibles contre paiement.
WordsWag	wordswag.co	Appli iOS & Android	Gratuit	Permet d'ajouter du texte sur les images que vous désirez publier.

Cette liste est non exhaustive et sujette à des modifications.

Notes :

- Appli iOS : applications destinées aux iPhones d'Apple, elles sont gratuites ou payantes suivant les cas et disponibles sur l'App Store (itunes.apple.com)
- Appli Android : applications destinées aux smartphones Android, elles sont gratuites ou payantes suivant les cas et disponibles sur le Play Store (play.google.com)
- Service web : ce sont également des applications (web service) hébergées sur Internet, mais elles nécessitent rarement une inscription. Elles sont souvent gratuites ou demandent un paiement à l'utilisation.

Si vous désirez d'autres fonctionnalités, il faudra soit :

- Rechercher une autre application sur votre smartphone (il y en a de nouvelles régulièrement)
- Utiliser un service en ligne via votre navigateur
- Faire appel à un logiciel professionnel, comme par exemple, Photoshop ou Lightroom, en exportant votre photo vers votre PC

Autres logiciels et applications

Parallèlement aux nombreux logiciels et applications d'optimisation graphique, vous pourrez aussi faire appel à des logiciels d'aide à la publication, comme, par exemple, Hootsuite.

Ceux-ci vous permettront de gérer votre contenu sur l'ensemble de vos réseaux sociaux, de programmer des publications à l'avance et d'obtenir des informations au niveau de l'efficacité de votre stratégie.
Ils pourront également vous aider au niveau l'interaction avec vos abonnés.

Vous trouverez une liste de ces solutions dans la rubrique "Comment publier en pratique" plus loin dans cet ouvrage.

Nous parlerons également de nombreux autres outils :
- Vidéos
- D'amélioration de comptes
- Choix des hashtags et des titres
- Statistiques
- Partages
- D'automatisation (interdits)
- Etc.

L'investissement en temps

Facteur qu'il ne faut pas négliger, l'investissement en temps peut être significatif.

De ce fait, si l'on emploie du personnel, il faudra tenir compte

- Des heures prestées et à prester s'il ne s'agit pas d'un membre de votre personnel dont c'est l'unique occupation
- Du salaire de votre Community manager, le cas échéant
  ...

La gestion des réseaux sociaux étant chronophage, il faudra surveiller de près cette consommation en temps presté sur :

La conception

La publication d'un contenu pertinent et axé sur votre stratégie marketing nécessite déjà des ressources non négligeables. Réflexion, élaboration des images, rédaction du texte, corrections et publication peuvent déjà représenter une consommation en temps non négligeable

L'animation

La participation aux conversations qui découlent de ces publications peut sembler être une perte de temps géante et cela pourrait l'être !

Mais dans votre approche de vente, la participation aux sujets qui intéressent vos prospects est un moyen simple de s'engager avec des clients potentiels. Vous devrez décider si c'est une bonne approche pour votre stratégie et vos ressources.

Il ne faut pas oublier qu'un commercial en visite de vente participe également aux conversations des clients pour tisser un lien et favoriser le passage au stade de la vente.

Développement des abonnés

Autre facteur, avant que votre marque soit bien positionnée sur Instagram et bénéficie d'un impact social fort, vous devrez travailler beaucoup plus intensément pour vous faire connaître. Cet aspect doit être pris en compte quand vous devrez déterminer si ce temps est bien utilisé.

Comme pour toutes les autres formes de publicité, vous devez probablement adopter une vision à long terme et planifier des étapes successives avant de commencer à voir les instagrammeurs vous reconnaître, vous et vos produits.

Concevoir sa ligne éditoriale

Un compte actif sur Instagram publie tous les jours.

Si vous ne réfléchissez pas en amont au type de publications que vous souhaitez partager :

- Soit, vous risquez de souffrir assez rapidement des "affres de la page blanche" (quoi publier, quoi dire, etc.) et donc ne pas pouvoir assurer votre rythme publication.
- Soit, vous risquez de publier un peu n'importe quoi ! J'en vois beaucoup qui "publie pour publier" !
-

Mais dans les deux cas, vous risquez surtout de ne pas atteindre vos objectifs !

C'est pourquoi de plus en plus d'équipes, mais aussi de personnes seules s'appuient sur une ligne éditoriale et un cadre de publication.

La ligne éditoriale est un ensemble des règles.
Ce terme peut faire peur à certains, mais les règles sont nécessaires, avec comme exemple, le Code de la route qui est destiné à éviter la plupart des accidents.

La ligne éditoriale doit, en priorité, veiller à ce que vous proposiez à votre cible le contenu qu'il attend et qui pourra engendrer des conversions et à terme, des ventes.

Cela vous permettra d'être suivi, plébiscité et plus crédible. Votre ligne éditoriale doit être associée à un certain positionnement et à une cible distincte.

La ligne éditoriale doit également garantir sur le long terme une harmonie entre et dans les contenus. Et vous évitez de produire des contenus, inutiles, inadéquats, similaires ou dissonants.

Parallèlement, pour que le cadre soit respecté, des contrôles en interne doivent être mis en place.
Ces contrôles ou autocontrôles (avec une checklist, par exemple) sont constructifs et vous garantissent un niveau de qualité.

Enfin, disposer d'un document de référence permettra également au sein d'une équipe d'arbitrer les choix et la priorisation des sujets. Il servira également de guide pour les prestataires externes à l'entreprise (copywriter freelance, par exemple).

Votre ligne éditoriale comprend deux parties : votre contenu et votre style.

1. *Votre contenu*
- o Thèmes des photos et des vidéos
- o Textes
- o Hashtags

À définir en fonction de vos objectifs (voir précédemment).

Pour faire simple, vous devez déterminer de manière claire le message que vous souhaitez faire passer, à qui et comment.

En d'autres mots, pourquoi, pour qui et comment allez-vous produire du contenu ?

Quelques conseils au niveau de votre ligne éditoriale :

Le bon thème

- Concentrez votre compte Instagram sur une thématique, un centre d'intérêt clair
- Qu'est-ce qui intéresse vos abonnés ? Ce n'est pas difficile à deviner. C'est eux-mêmes (leurs envies, leurs soucis, leurs rêves, etc.). Comment pouvez-vous les éblouir, les divertir, solutionner leurs besoins, comprendre leurs problèmes, leur permettre de s'identifier, leur permettre de rêver ? Si vous ne savez pas soulager leur quotidien et les aider, vous risquez fort de ne pas être remarqué ...
- Choisissez les thèmes des photos et des vidéos avec soin. On parle de ligne éditoriale, car derrière on pense à un principe de "fil rouge". Évitez de poster tout et n'importe quoi. Soyez dans une suite logique et cohérente !
- Regardez le type de publications que vos abonnés aiment. Cela vous aidera à réorienter votre ligne éditoriale si besoin. Pour se faire, il vous suffit de cliquer sur le cœur dans le menu de votre application Instagram
- Demandez-vous quels sujets traitent, et surtout ne traitent pas vos entreprises concurrentes ? Et quels sont les sujets qui fonctionnent le mieux pour elles ?
- Plutôt que de décrire ce qui est "la norme de l'industrie", vous voulez décrire ce qui est complètement unique, intéressant et différent à votre sujet aux yeux de vos clients actuels.
- Est-ce que certains médias, sites, sources peuvent vous aider à trouver des informations à partager ?
  Si oui, quelles informations, sur quels thèmes ?

La bonne émotion

- Quelle que soit la direction que vous choisissez, assurez-vous que votre contenu ne fait qu'une seule chose : divertir, émouvoir ou faire rêver !
- Ayez à l'esprit que les images ou les films que vous publiez sur votre compte peuvent favoriser ou briser votre relation avec votre public cible. Un contenu efficace permet de convaincre, d'éduquer, de divertir et d'inspirer votre marché cible. Un contenu inadapté fait fuir.
- Montrez à vos abonnés les coulisses de votre entreprise, la façon dont vous faites les choses en interne. S'ils aiment vos produits, ils apprécieront probablement de voir "la face cachée" de votre activité. C'est un bon moyen de vous engager émotionnellement avec vos clients.
- N'oubliez pas d'impliquer votre personnel et de publier des photos les concernant. Cela plaira à vos abonnés, mais également à vos salariés qui se sentiront valorisés.
- J'espère pour vous que votre entreprise a des valeurs en termes de satisfaction client, de bien-être du personnel, de respect de l'environnement, etc. Il est important de le montrer visuellement et de rester simple en l'exprimant comme si elles représentaient des valeurs évidentes ...

Les émotions que vous pourrez transmettre et le climat de sympathie que vous pourriez créer ne se transformeront en revenu que lorsque les gens pourront se sentir en adéquation avec vous. Si vous parvenez à l'exprimer visuellement, vous aurez la possibilité de convertir vos abonnés en clients.

L'exclusivité

- Certains n'hésitent pas à utiliser Instagram pour montrer les produits ou les informations qu'ils n'ont pas partagés sur Facebook, Twitter ou LinkedIn. Cela rend leur compte incontournable pour ceux qui veulent rester informés sur leur entreprise. Publiez donc des petites nouvelles quotidiennes que l'on n'apprend que sur Instagram, si elles ont un intérêt pour vos abonnés.

- Parlez des projets à venir. Vos abonnés pourront ainsi attendre avec impatience les produits qui les intéressent.

- Utilisez pour cela la vidéo si vous voulez augmenter vos chances. C'est un format très populaire.

- Etc.

Quelques exemples de contenu

- **Vos dernières "créations"** : plats pour un restaurant ou pièce d'une collection pour une styliste (attention que la photo doit donner envie à votre public Instagram de l'aimer ou bien de la commenter. La qualité de la photo et la mise en scène seront importantes.).
- **How To**. Des conseils sur l'utilisation de vos produits et services.
- **Vos équipes** qui travaillent (ne pas hésiter à raconter une histoire sur eux dans la légende si vous désirez créer de la proximité avec vos clients. Vous pouvez également citer leurs noms pour que vos clients puissent "mettre un visage sur un nom").
- **Vos partenaires** : producteurs, fournisseurs, etc. s'ils acceptent et si vos règles de confidentialité le permettent …
- **Votre actualité visuelle** : décoration, vitrine, site web, etc. principalement au niveau des changements saisonniers ou de l'évolution de votre communication.
- **Vos événements** (ayant eu lieu ou l'annonce de ceux à venir).
- **Presse**. Vos apparitions dans la presse le cas échéant
- **Des citations inspirantes** (l'idéal serait qu'elles soient en accord avec votre activité)
- **Vos clients**. Repostez des photos prises par des clients. N'oubliez pas dans ce cas de les créditer.
- Etc.

Source : instagram.com/burgerking/

Une communication uniquement axée sur le produit mais dans aspect "esthétique".

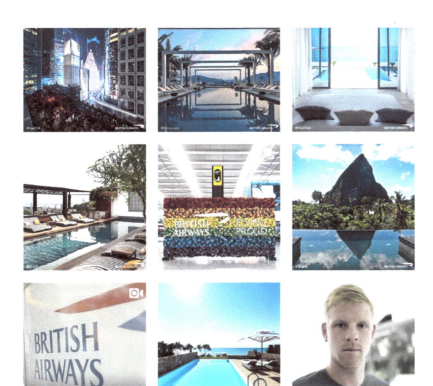

Source : instagram.com/british_airways/
Une ligne éditoriale basée sur les destinations, les témoignages
et l'image de marque de la firme.

Source : instagram.com/carrefourfrance/
Un savant mélange entre **produits**, recettes, conseils et mises en
situations basée sur les **thèmes saisonniers.**

Source : instagram.com/havas/

L'agence Havas, conseil en communication, se doit de soigner son profil Instagram en mélangeant campagnes publicitaires, mise en valeur de leurs équipes, témoignages et exercices purement "visuels".

Source : instagram.com/leroymerlin/
Une communication uniquement axée sur les mises en situation des produit vendus dans le style "magazine de décoration".

Source : instagram.com/sanofi_france/
Une ligne éditoriale, non pas basée sur les produits pharmaceutiques mais un choix de communication axée sur les valeurs, les événements, les chercheurs et les actions humanitaires.

Variez les formats de publication

Veillez à établir un équilibre entre vos formats de publication.

Pour éviter toute lassitude à votre cible, il est conseillé d'alterner :
- Les publications d'information
- Les promotions (pas plus de 10%)
- Les publications décalées
- Photos et vidéos
- etc.

Évitez de publier plusieurs fois le même contenu

De nombreuses firmes recyclent régulièrement leur contenu, partageant des publications déjà postées plusieurs fois pendant des semaines, des mois, voire des années.

Facteur aggravant, certaines applications vous proposent même d'automatiser ces republications.

Désormais, tous les réseaux sociaux, Instagram compris, luttent contre cette pratique dans le but d'améliorer la qualité des messages diffusés et de réduire l'encombrement.

Comment procéder si vous désirez republier sur le même thème ?
Modifiez votre image et votre légende.
Attendez également au moins 6 mois pour lancer cette republication.

2. Votre style textuel

Est-il :

- o Informatif
- o Vendeur
- o Humoristique / Décalé
- o Anecdotique
- o Etc.

Vous pouvez choisir plusieurs styles textuels, mais dans tous les vas, ceux-ci doivent correspondre à ce que peut aimer vos cibles.

Le style informatif

Il est très important pour certains produits complexes ou dont la compréhension des plus-values par rapport à la concurrence demande une argumentation.

Gardez cependant à l'esprit que nous sommes sur Instagram en présence d'une communication visuelle. Le texte n'est qu'en accompagnement de l'image. Dans un pourcentage très important des publications, il n'est pas lu.

Vous pouvez vous appuyer sur des symboles, icônes ou ajout de texte en superposition des images. C'est un style qui demande une certaine créativité et de la finesse …

Donc pour ce style de ligne éditoriale, la maîtrise du langage visuel sera essentielle afin de communiquer des informations concrètes.

Le style vendeur

Mêmes remarques qu'au niveau du style informatif.

On peut ajouter que la mentalité des personnes qui partagent sur Instagram fait que la vente directe n'est pas bien accueillie dans la plupart des cas donc ...

Un conseil : limiter vos actions de vente le plus possible.
Un taux de 10% est conseillé sur Instagram.

Deux stratégies sont possibles pour la vente :
- Le style "insidieux", mais qui risque d'être moins efficace.
- Ou le style très direct qui, à mon sens, sera mieux perçu, surtout s'il est minoritaire au sein de vos publications.

Le style humoristique et le style décalé

Choisir une communication décalée est un pari pour de nombreuses entreprises qui craignent que leur image de marque en souffre.

Si celle-ci est gérée avec soin, par petites touches, ce risque est limité.
La possibilité de provoquer de la "sympathie" et de l'"empathie" de la part de votre clientèle et de vos prospects est davantage la réaction qui sera la plus fréquente.

En effet, les consommateurs n'aiment pas la publicité et le sentiment de manipulation qu'elle véhicule.

Quand ils peuvent se sentir plus proches de la marque et son identité réelle, ils acceptent plus facilement les messages qui sont véhiculés.

On a beau connaître une marque ou une firme, la plupart du temps, on ne sait rien de la vie de celle-ci, de son personnel, de ses dirigeants et, en quelque sorte de ses coulisses …

Donc n'hésitez pas à démystifier certaines choses et à attirer la sympathie de vos clients et prospects.
Donner un angle de vue différent de votre entreprise sur Instagram peut rendre celle-ci plus humaine et attachante aux yeux des personnes qui vous suivent.

Au niveau du choix des sujets décalés, voici quelques exemples de contenu :

- Mettez en vedette des photos et des films amusants de votre personnel quand il est au travail.
- Faites une vidéo des situations amusantes (préparation d'un événement avec fous rires et gaffes, par exemple).
- Montrez votre marchandise telle qu'elle est dans la vie réelle aux mains d'utilisateurs, ceux-ci peuvent avoir un look ou une attitude amusante.
- Créez des images animées et, par exemple, accélérées de votre PDG.
- Publiez des clichés sélectionnés des fêtes internes (anniversaires, entrées en fonction, départs, etc.).
- Etc.

En résumé, montrez qui vous êtes, donnez à vos abonnés une vue des coulisses de votre entreprise, montrez quel genre de personnes sont derrière elle, avec quelles idées créatives vous avancez, etc.

Le ton anecdotique

Vos abonnés aiment qu'on leur raconte une histoire

Comme vous le savez peut-être, les meilleurs vendeurs racontent des histoires sur leur produit au lieu de transmettre des faits.

Cette technique marketing bien connue que les anglophones appellent "storytelling" permet d'activer des facteurs émotionnels.

- Ne vous a-t-on pas raconté des histoires quand vous étiez petit ?
- N'avez-vous jamais été ému par une biographie ou un biopic ?
- N'écoutez-vous jamais les interviews de vos vedettes préférées ?
- Dans toutes ces occasions (et bien d'autres) vous avez été ému / amusé / touché par une histoire.
- Savez-vous que l'on retient plus facilement une anecdote qu'un fait ?

Vous comprenez maintenant qu'il est important de raconter une histoire à vos abonnés !

Avec Instagram, vous pouvez raconter une histoire de votre entreprise et marquer l'esprit de vos contacts d'une manière créative et durable.
En revanche, vous devez vous assurer que vous créez du contenu qui plaira particulièrement à vos abonnés et qui leur est adapté.

Veillez à choisir un contenu pertinent, divertissant et authentique.

Avec Instagram, on s'engage dans le "Visual Storytelling"

Car ce qui sera mis en évidence, ce sont vos images.
Ensuite, vous pourrez étoffer ou préciser vos histoires par vos légendes de photo.

Toutes les entreprises ont une histoire unique à raconter et voyons quelques exemples :

- Toute entreprise est d'abord composée d'individus. Par exemple, les fournisseurs de services doivent vendre leurs services, mais ils doivent aussi se vendre eux-mêmes. Le client achète une relation à long terme, et la qualité de la relation à long terme a un impact direct sur l'impression générale du service fourni. Il est donc important de mettre des visages sur un service reçu. Et toutes les personnes qui travaillent au sein de votre entreprise ont de nombreuses anecdotes concernant votre entreprise …

- Tous les produits ont une histoire : leur origine, le travail de développement ou d'amélioration, votre engagement envers votre industrie peuvent avoir une histoire puissante. Les organismes de bienfaisance, elles aussi, ont souvent une histoire puissante qui peut émouvoir leur communauté et susciter l'engagement. Lorsque vous prenez le temps d'articuler votre histoire, vous avez l'occasion de créer des liens avec vos abonnés de manière puissante.

- Êtes-vous une entreprise citoyenne ? Existe-t-il des marques d'engagement au niveau de votre communauté locale ou d'un désir d'utiliser votre entreprise pour laisser un héritage. Si c'est le cas, voilà encore de belles histoires à raconter, travaillez à les intégrer dans vos visuels sur Instagram.

2B. Votre style visuel

Avant de prendre la décision de vous suivre, des utilisateurs vont regarder votre compte Instagram. Ils vont tenir compte du nombre de photos partagées, du nombre de vos abonnés et surtout de l'intérêt et de la qualité de vos publications.

Le style de votre ligne éditoriale réside également dans un "ton visuel" que vous pouvez délibérément instaurer sur l'ensemble de vos publications.

Cela donnera une impression de professionnalisme, d'harmonie et donnera la preuve d'une réelle réflexion sur le contenu. Cela pourrait également leur permettre de décider de vous suivre.

Voici quelques exemples de particularités que votre compte peut choisir et qui vont donner un ton visuel à vos publications :

Une harmonie visuelle

- Choisir un **filtre Instagram** qui est utilisé régulièrement de manière à donner un look uniforme aux publications

Source : instagram.com/alina.losangeles

o Favoriser une (ou des) **couleur(s) dominantes(s)** aux photos avec uniquement
  - Du noir & blanc

Source : instagram.com/grey/

- Du noir et blanc + une couleur

Source : instagram.com/lisedesmet/

- Des couleurs vives

Source : instagram.com/aww.sam/

- Des couleurs pastel

Source : instagram.com/creativekipi/

▪ Du monochrome

Source : instagram.com/wildehousepaper/

○ Photographier en utilisant toujours le même **fond d'image** ou le même type d'éclairage

Source : instagram.com/em.spiliopoulos

o Privilégier un **angle de prise de vue**, comme par exemple, la contre-plongée ou le "flatlay" (photographie d'en haut)

Source : instagram.com/danonfr/ (Danone France)

o Des compositions minimalistes

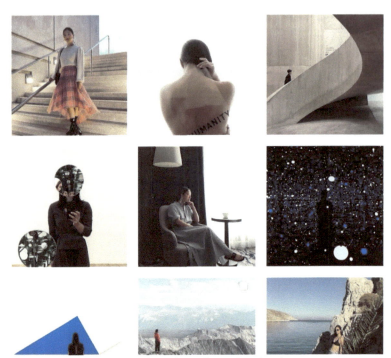

Source : instagram.com/windowofimagination/

Un "fil rouge"

- ○ Choisir un sujet dominant
- ○ Insérer toujours le même objet dans toutes vos images (mascotte, par exemple).
- ○ Utilisez uniquement des montages photo
- ○ Insérez des images textes

Source : instagram.com/citatrice/

Une organisation différente des publications

- Photos fragmentées et réparties sur plusieurs publications

Source : instagram.com/nicolebenisti/

- Colonnades visuelles

Source : instagram.com/nicolebenisti/

- Colonnades de thèmes

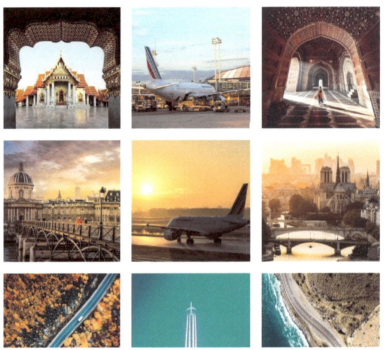

Source : instagram.com/airfrance/
Note : au centre, des avions et dans les deux autres colonnes, des destinations.

- Les lignes horizontales

The biggest lie I tell myself is "I don't need to write that down, I'll remember it."

The worst bullies in our life are our own thoughts.

I tried to take life one day at a time... but lately several days have attacked me at once.

Source : instagram.com/Personaljournalapp/

- Les damiers

Source : instagram.com/amylattacreations/

- Bordures

Source : instagram.com/Beautifulandyummy/

Certaines de ces idées et exemples sont extraits de l'excellent article sur le sujet :
https://blog.hubspot.com/marketing/instagram-themes

Tous ces éléments (et bien d'autres) pourront apporter un style et rendre votre compte plus attractif.

Ils pourront également laisser à penser que vous alimenter votre compte avec un but, une ligne directrice, ce qui laissera une impression de sérieux pour certain, un ressenti sympathique pour d'autres.

Afin d'aller plus loin, voyons ensemble, les bases de la Communication Visuelle.

Maîtrisez la communication visuelle

Si vous êtes dans un secteur visuel comme la mode ou la restauration, vous exprimer avec des images ne devrait pas être difficile pour vous.
Car vos produits parlent d'eux-mêmes.
Pour reprendre les mêmes exemples, une robe bien photographiée ou une assiette de votre dernière création culinaire sous une belle lumière devrait produire des images explicites et qui auront automatiquement beaucoup de succès sur votre compte Instagram.

En revanche, si vous travaillez dans :
- Une entreprise de services (consultance, comptabilité, par exemple)
- Une organisation sans but lucratif
- Une entreprise sans produit physique (santé, par exemple)
- Ou un secteur peu visuel (énergie, par exemple)

Pour ce type d'activités, concevoir une communication visuelle va être un peu plus tendu …

Dans tous ces cas, vous vendez sans l'aide d'un produit physique et vous devez raconter une histoire qui devra être partagée visuellement.
Votre travail va devoir consister à expliquer ce que vous faites en termes visuels.

Principes de base de la communication visuelle

La parfaite association

Une publication sur Instagram est composée d'une image, souvent accompagnée d'un texte.

Dans ce principe de conception, vous pouvez organiser tous vos éléments à partir du texte (concept) pour aboutir à des visuels (images) dans un cheminement logique.

Mais vous pouvez également démarrer votre processus de création à partir d'une image, capturée sans une réflexion préalable et concevoir ensuite le texte qui va l'accompagner.

Mais que ce soit dans un sens ou dans l'autre, une conception visuelle efficace est une réalisation où les images et les mots font équipe pour communiquer un message unifié.

Pourquoi une image est-elle efficace ?

Une bonne photo fait quatre choses :

Elle capte l'attention
- Il est essentiel qu'elle capture l'attention parce que nous sommes submergés de sollicitations visuelles et en particulier sur Instagram.

Elle contrôle le mouvement de l'œil à travers son espace
- Ensuite, sa mise en page devrait contrôler les yeux du visiteur pour l'amener à passer d'une chose à l'autre sur sa surface. Tout l'intérêt de guider l'œil, c'est transmettre de l'information ou de guider vers l'information essentielle ou de raconter une histoire.

Elle transmet de l'information (ou stimule votre imagination)
- L'avantage de l'image fixe (photo) sur le texte, est qu'elle peut, si son auteur l'a désiré, stimuler l'imagination du spectateur qui peut alors deviner ce qui a précédent l'instant capturé et anticiper ce qui va arriver ensuite …

Elle provoque l'émotion
- Mais, dans tous les cas, elle devra susciter une émotion

Toutes les explications ne vaudront jamais une analyse en situation surtout quand on parle de communication visuelle. Donc voici un petit exercice :

Un petit exercice

Visitez un de vos comptes Instagram favoris. Un qui, selon vous, communique bien.

Choisissez une image "qui vous parle".

Et répondez à ces quelques questions :
- Tout d'abord, expliquez comment cette image capte votre attention.
- Quelle partie de celle-ci regardez-vous en premier ?
- Qu'est-ce qui vous pousse à regarder cette zone d'abord ?
- Deuxièmement, expliquez comment la conception de l'image contrôle le flux de votre œil à travers sa surface.
- Faites une liste numérotée de l'ordre dans lequel votre œil se déplace d'une chose à l'autre dans la surface de l'image ?
- Troisièmement, quel genre d'information la conception transmet-elle ? Faites une liste.
- Décrivez comment la conception transmet cette information.
- Quelle(s) émotion(s), le cas échéant, la photo provoque-t-elle ?
- Comment ? Pourquoi ?

Répétez cette analyse autant de fois que vous le désirez.

Voilà. Grâce à cet exercice, vous commencez à comprendre les aspects de communication visuelle qui vous interpellent.

Et de cette façon, vous commencez à entrevoir la façon dont vous allez communiquer avec votre communauté en utilisant ce type de procédé.

N'est-pas que vous ne regarderez plus une photo de la même façon … ?

Instagram est un excellent d'apprentissage.

Visitez un maximum de comptes.
Parcourez rapidement chacun d'entre eux et quand une image retient votre attention plus que les autres, arrêtez-vous et analysez cette image.

Petit à petit, votre esprit va assimiler ces règles de la communication visuelle qui vous correspondent.

Vous verrez, vos photos ne seront désormais plus les mêmes !

Les éléments de langage

De quoi est composée une image :

- D'espace
- De lumière
- De symboles
- D'une mise en page
- De codes visuels
- Et parfois d'une typographie

D'espace ?

Les débutants commettent souvent l'erreur d'oublier de tenir compte de l'espace.

Trop d'espace, et les visuels se dispersent ou ne se parlent pas. Pas assez d'espace, et les éléments commencent à se battre entre eux.

Ne considérez pas l'espace comme immatériel ou incontrôlable.

L'espace n'est pas non plus un vide à combler. Certains ont tendance à remplir chaque recoin de l'espace avec des visuels. Ne le faites pas. L'essentiel doit être au bon endroit bien "entouré", bien "encadré" ...

De Lumière

Étymologiquement, photographie signifie "dessiner avec la lumière".

La lumière naturelle bien utilisée ou l'éclairage artificiel bien maîtrisé sont les clés d'une photographie efficace.
De plus, trop de lumière "tue" les détails. Trop peu de lumière diminue la force des couleurs, la visibilité de l'essentiel et n'attire pas l'œil.

La lumière doit guider le regard, mettre en valeur les symboles essentiels et créer une atmosphère.

De symboles

Les symboles peuvent être des personnes, des objets, des éléments intangibles (vent, froid, etc.), une tenue, une ambiance, etc. En fait, tout ce qui va vous permettre d'exprimer une idée ou de délivrer un message dans un dessin, une photographie, une vidéo, etc.

Il peut y avoir un seul symbole dans une photographie.
Ou il peut y en avoir plusieurs, mais le plus important est que le symbole principal soit mis en valeur (par la lumière, les autres symboles, etc.).

Ne pas oublier que trop "d'informations" peut nuire à la compréhension du "message".

D'une mise en page

Le cadrage.

Ignorer les éléments non pertinents et permettre au spectateur de se concentrer sur un seul aspect de la scène améliorera la plupart des images.
Un mauvais cadrage peut faire en sorte qu'une image potentiellement correcte devienne nulle ...

La composition.

La composition ou la mise en page de l'image peut changer radicalement la façon dont les gens la perçoivent... La même scène peut donner lieu à une image étonnante ou ennuyeuse, selon la façon dont le photographe arrange les éléments visuels.

De plus, si l'on réalise un photomontage, l'ensemble des images devra apporter une certaine harmonie pour que la composition de chaque élément soit préservée.

Le point de vue. L'angle sous lequel vous prenez

une photo peut affecter considérablement le résultat final. Souvent, le simple fait d'élever la caméra plus haut ou de s'agenouiller peut changer suffisamment le point de vue pour faire passer une image d'ennuyeuse à intéressante.

De codes visuels

Les codes visuels sont des éléments de l'image qui n'apporte qu'une information secondaire, mais qui joue néanmoins un rôle dans le message global.

Prenons l'exemple d'une image qui semble désuète.
Comment savez-vous qu'elle n'est plus à la mode ?
Quels indices, par exemple, les objets, la composition, les couleurs, la lumière communiquent-ils ?
Expliquez pourquoi la scène est désuète.

Ces codes visuels peuvent être utilisés à bon escient.
S'ils sont déjà présents lors de la prise de vue et ignorés par le photographe, ils risquent de diminuer la force de l'image.

Et parfois, d'une typographie ...

Sur Instagram, comme sur Pinterest, on trouve de plus en plus d'images auxquelles on a rajouté du texte en surimpression.
Dans ce cas, le texte peut venir renforcer le langage visuel ou n'apporter qu'un élément en plus (dans le cas d'un seul mot, par exemple).

Dans ce cas, le choix de la typographie pourra jouer un rôle visuel important.

Source : instagram.com/generalelectric/
La parfaite démonstration de la façon dont il est possible de
rendre des images esthétiques et interpellantes dans un
domaine peu visuel : l'énergie !

Source : instagram.com/decathlon/
La recherche de l'image qui va transmettre une émotion liée à la pratique d'un sport ou d'une activité ludique !

Source : instagram.com/guerlain/

Le luxe et le raffinement traduits par des ambiances savamment orchestrées ...

Source : instagram.com/monoprix/
Le choix pour cet acteur de la grande distribution d'utiliser une communication visuelle subtile ...

Source : instagram.com/orange/

Le secteur des télécoms est très délicat à mettre en image tout en conservant des visuels et des légendes qui interpellent ...

Créer et optimiser son compte

Créer et optimiser son compte

Voyons maintenant comment créer son compte Instagram et (même si vous l'avez déjà créé) comment l'optimiser.

Pourquoi cette optimisation est-elle importante ?
Parce que vos efforts vont porter, assez rapidement, à chercher à agrandir votre auditoire (vos abonnés) et que, parmi les critères qui vont être déterminants pour décider vos potentiels abonnés à vous suivre, la façon dont vous vous présentez à eux va tenir une place non négligeable ...

La bonne optimisation d'un compte va porter sur :
- Le type de compte
- Le choix de l'identifiant et du nom
- La photo
- Le texte de présentation (bio)
- Le choix du lien (unique)

Tous ces aspects vont jouer un rôle sur la crédibilité et l'image de marque de votre compte.

Compte perso ou pro

Après les débuts du réseau social qui attirait surtout les "créateurs" et les célébrités, les entreprises ont commencé à s'intéresser à cette communauté qui n'en finit pas de grandir.

Au départ, Instagram ne proposait que des comptes personnels.

Même si Instagram voulait satisfaire et continuer ces entreprises, il ne voulait pas leur proposer des "pages business" comme le fait son propriétaire Facebook.
Il désirait rester dans un format unique de présentation des publications.

En 2016, Instagram a trouvé un compromis et a lancé les profils professionnels.
Ces comptes professionnels ressemblent aux comptes personnels, par contre, ils ont la possibilité d'ajouter sous la bio :
- Un lien vers une adresse email
- Un numéro de téléphone
- L'itinéraire pour se rendre dans leur entreprise.

En plus, au niveau fonctionnalités, ils disposent :
- D'une interface de statistiques (à partir de 100 abonnés)
- De l'accès à la publicité (et notamment la possibilité de promouvoir des publications en y rajoutant une url)

L'obligation d'une page business Facebook

En principe, pour pouvoir créer un compte professionnel, vous devez posséder une page business dans Facebook.

Ce qui est étonnant et absurde (si vous n'êtes pas sur Facebook, pourquoi vous obligez à y être).

Mais Instagram et Facebook partagent la même interface publicitaire, ceci expliquant peut-être cela. Quoi que …

Depuis peu, quand vous demandez la transformation de votre profil en profil professionnel et que vous ne possédez pas de page Facebook, l'interface vous proposera d'en créer une dans la volée.

Bon à savoir

Si vous "ignorez" cette fonction de création automatique d'une page business, il créera pourtant une page à votre nom, mais dont vous n'êtes pas propriétaire !
Vous devrez, par la suite, suivre une procédure interne pour la récupérer … !?!

Un ou deux comptes ?

Si vous êtes un professionnel, vous avez donc le choix.

Mais sachez que vous pourrez passer d'un compte perso à un compte pro, mais aussi inversement.

En revanche, si vous avez déjà créé un premier compte personnel et souhaitez créer un deuxième compte pour votre entreprise, rendez-vous dans les paramétrages de votre compte, où vous pourrez "ajouter un compte".

Je conseille fortement la séparation stricte entre le personnel et le professionnel.

On voit trop souvent des professionnels exhiber leurs enfants, loisirs, vacances, repas, animaux de compagnie, etc.

À moins d'être Rihanna ou Beyoncé, je ne pense pas que votre vie privée peut réellement intéresser vos prospects ou clients … Mais à vous de voir !

Les avantages du compte pro

Personnellement, je pense que pour un professionnel, la possibilité d'indiquer une adresse e-mail justifie à elle seule le choix d'un compte pro.

L'accès aux statistiques est la deuxième bonne raison.

De plus, si vous désirez utiliser un outil de planification (service qui va vous permettre de planifier à l'avance vos publications), celui ne pourra être utilisé pleinement que si vous possédez un compte pro. En effet, le compte pro vous donne également accès à certaines fonctions de l'API d'Instagram, utilisé par ce type de service.

Peu de freins

Reste le souci pour certains d'être catalogués d'emblée comme des professionnels donc comme ayant potentiellement une démarche commerciale. Ceux-ci doivent se rendre compte que plusieurs années après la création des comptes pro, les mentalités ont changé. Ce qui va faire surtout la différence, ce sont vos publications et votre comportement.

De plus, de nombreuses personnes comme les blogueurs, les influenceurs, journalistes, etc. utilisent également des comptes pros.
Donc, pourquoi pas vous ?

Bon à savoir

Si vous avez plusieurs entreprises ou plusieurs activités et que vous désirez créer plusieurs comptes pros différents et indépendants, à la création, une même adresse e-mail ne pourra pas être utilisée.

En revanche, comme dans Facebook, le même numéro de téléphone portable pourra être utilisé pour créer plusieurs comptes (5 maximum jusqu'à présent).

Pratiquement

Pour être inscrit sur Instagram, il vous faut tout d'abord vous créer un compte ! Téléchargez l'application sur votre téléphone iOS ou Android. Une fois installée, cliquez sur l'application puis sur "Inscrivez-vous".
Vous aurez ensuite la possibilité de vous "Connecter avec Facebook". Si vous choisissez cette option, une page de redirection Facebook s'ouvrira. Et certaines informations de votre profil Facebook seront insérées automatiquement dans votre profil Instagram.

Quand votre compte sera créé, rendez-vous dans "modifier votre profil" et choisissez l'option "profil professionnel" et suivez le processus.

Veillez à bien choisir votre activité

Lors de la création d'un compte pro, vous devez choisir un secteur d'activité.
Elle est déclinée en deux niveaux. Si vous choisissez "produits et services", le deuxième niveau vous permettra de choisir votre secteur. N'hésitez pas à jeter un coup d'œil sur les autres possibilités de catégorisation, car le classement des activités qu'a réalisé Instagram est parfois un peu surprenant ... :)

Choisir le bon identifiant de compte

Une question de visibilité

À la création de votre compte, vous recevrez un identifiant, de type @moi.
Cet identifiant, outre sa fonction première, va être votre URL.
Au même titre que votre site internet possède une URL unique (www.moi.com), votre URL Instagram sera www.instagram.com/moi

Cet identifiant unique permettra également de vous mentionner dans un message (exemple : "comme l'a fait remarquer @moi, cette promotion est limitée dans le temps").

Enfin, lorsque votre publication apparaîtra dans le fil d'actualité de vos abonnés, votre identifiant est mentionné.

Un outil et une protection

Votre identifiant va donc être extrêmement visible et vous représenter (ou représenter votre firme ou votre marque). Nom de firme ou de marque que je vous conseille de protéger, car si un autre utilisateur d'Instagram a créé un compte au nom de votre firme ou de votre marque, vous ne pourrez pas récupérer cet identifiant.
Vous comprenez donc les enjeux dans le choix de votre identifiant.

Certains de mes clients ont d'ailleurs choisi d'ouvrir plusieurs comptes, avec comme identifiant chacune de leurs marques afin de se protéger des "copy cat".

Donc, protégez avant tout votre marque.

Si le public vous connaît par votre nom (personnel), il doit également être protégé
Soit choisissez un identifiant les combinant, soit créez deux comptes avec des objectifs différents.

Dans tous les cas, la bonne pratique est d'uniformiser vos identifiants sur l'ensemble de vos médias sociaux de manière à être facilement mémorisé et retrouvé.

Bon à savoir

- Lors de l'inscription Instagram semble vous imposer un identifiant. Mais si vous regardez en bas de cet écran de bienvenue, vous avez un lien pour le modifier ...
- Vous pouvez changer votre nom à tout moment

La photo de votre compte

Qui dit profil Instagram, dit forcément… photo de profil !

Vous pouvez en ajouter une directement via votre téléphone en cliquant sur l'icône de votre profil où votre nom est inscrit en bleu. Votre galerie de photos s'ouvra alors et vous n'avez qu'à faire votre choix.

Choisissez votre photo avec soin !
Elle vous représente dans le fil d'actualité de vos contacts.

Assurez-vous donc de la lisibilité en petit format de l'image que vous choisissez.

Parmi les images que l'on retrouve souvent et qui fonctionnent sur Instagram : votre logo d'entreprise, des créations reconnaissables ou une photo de vous, tout simplement …

Pratiquement

La photo de profil Instagram sera affichée en 110×110 pixels (format carré, ratio 1:1)

Votre original devra donc être égal ou supérieur à ce format final et, si possible, carrée.

La bio de votre profil

Ce texte de 150 caractères maximum :
- Aide à vous présenter
- Permet d'entrer en contact avec vous
- Et, notamment, à attirer de nouveaux abonnés.

Donc cette présentation va leur permettre de savoir qui vous êtes, ce que vous faites, à quoi vous utilisez Instagram et à quoi ils peuvent s'attendre.

Donc, à vous de décider si vous :
- La centrer sur votre offre de produit ou de service
- Relatez les sujets qui vous intéressent et qui feront l'objet de vos publications
- Parlez de vous.

Pensez Communication

Pensez, en rédigeant votre texte de présentation, que vous adressez également à vos clients existants (qui ne manquerons pas de le lire), mais également aux clients potentiels qu'il serait bon de séduire …

Idéalement, une bio devrait :

- Être chaleureuse, "l'esprit" d'Instagram le permet …
- Contenir un énoncé court, clair et "pas trop commercial" de ce que fait l'entreprise.
- Un indicateur de crédibilité, si vous en avez un...
- Une description du contenu que vous partagerez.
- Un appel à l'action qui introduit le lien qui apparait juste sous la bio.

- Un lien vers votre site Web. Il doit être le plus approprié (voir ci-après). Sachez que vous pourrez la modifier aussi souvent que vous le souhaitez ...
- Si vous avez un lieu de vente, vous pouvez également rajouter l'adresse de la boutique, et vos horaires d'ouverture.
- Intégrez des emojis ! Ils font partie de l'ADN d'Instagram, facilitent la lecture de votre bio et apportent un ton frais.

Bon à savoir

- Les hashtags, les adresses e-mail et les URL contenus dans le texte de votre bio ne sont pas cliquables.

L'aspect multilingue

Si vous visez une clientèle internationale, vous allez hésiter sur le fait de créer une bio en français ou en anglais (voire dans une autre langue) !

Cependant, la limite des 150 caractères disponibles va rarement vous permettre de créer une bio bilingue et encore moins trilingue.

Je vous conseille de plutôt créer plusieurs comptes, un dans chaque langue.

Pour de nombreuses raisons dont le fait de pouvoir poster vos légendes dans chaque langue et ainsi satisfaire vos abonnés.

L'emploi d'une application professionnelle de publication vous sera alors bien utile (voir plus loin, "comment publier en pratique") pour gérer ces comptes multiples. Mais le gain en termes d'efficacité et de satisfaction client sera énorme ...

Ajouter des polices spéciales à votre bio

Voici un hack d'Instagram qui peut vraiment faire ressortir votre profil et attirer l'attention sur votre bio.

Vous aurez peut-être déjà ajouté des emojis, mais le choix restreint limite votre créativité.

Vous pouvez, cependant, avec l'aide de quelques sites web avoir accès à des polices spéciales que l'on ne trouve pas souvent dans la communauté Instagram. Voici comment.

Exemple avec le site LingoJam (lingojam.com/FontsForInstagram). Dans ce site, vous pouvez copier-coller votre texte dans la partie gauche de l'interface et vous verrez apparaître le même texte dans différentes polices sur la droite. Certaines sont un peu bizarres ou illisibles, mais quelques-unes sont assez originales ...
Pour copier la police choisie sur votre compte Instagram, il suffit de faire un "copier". Après avoir accédé à votre profil, sélectionnez "Modifier le profil", choisissez la section "Bio" et collez la police de votre choix dans le champ vide.

Cette astuce ne fonctionne qu'avec l'application Instagram sur mobile !

Insérez une ligne dans votre Bio et vos légendes

Lorsque vous écrivez une légende dans Instagram sur smartphone, vous verrez que le clavier ne vous permet pas le retour à la ligne !

Peut-être connaissez-vous la fonction sur votre clavier, mais dans le cas contraire, sachez qu'il vous suffit d'appuyer sur la touche "123" dans le coin inférieur gauche du clavier, et la touche "Retour" apparaîtra en bas à droite.

Le lien de votre profil

Le lien de la biographie est la seule URL cliquable sur Instagram. Pas moyen d'insérer un lien cliquable, par exemple, dans vos publications.

Cette seule URL cliquable autorisée par Instagram (nous verrons qu'il existe d'autres possibilités) vers l'extérieur de la plateforme est donc essentielle si vous désirez générer du trafic vers votre site, votre eshop ou toute autre source d'acquisition pour vous.

De manière classique, la plupart des firmes choisissent de mettre un lien vers la page d'accueil de leur site web.

Ce n'est pas le meilleur choix.
À moins que la page d'accueil de votre site soit optimisée pour la conversion immédiate (ce qui est rarement le cas), celle-ci risque de ne pas remplir la mission espérée et gaspiller des visites précieuses.

Remettons cela en perspective.
Si un abonné ou un visiteur de votre profil Instagram clique sur le lien de votre bio, c'est, soit pour en savoir plus sur vous, soit pour effectuer une action (contact, commande, etc.) …

S'il désire en savoir plus sur vous

Avant le clic, il a visité votre page, regardé vos publications, probablement cliqué sur l'une ou l'autre.
Il vous connaît déjà.
Ou, en tout cas, il a reçu le message que vous avez souhaité faire passer par vos publications et la ligne rédactionnelle de votre compte.
Votre site reflète-t-il celles-ci ?

N'y aura-t-il pas un fossé entre votre communication web et votre communication Instagram ?
Trouvera-t-il immédiatement ce qu'il est venu chercher ?

Le choix d'une page spécifique me paraît un choix plus sécure et pertinent dans votre stratégie !
Comme une "landing page".
Nous y reviendrons …

S'il désire effectuer une action

S'il a vu un produit sur une de vos publications qui l'intéresse ?
S'il désire contacter votre service commercial ?
La page d'accueil de votre site pourrait être le bon choix … ou pas !
Car votre visiteur n'a pas envie de chercher !
Il veut accéder directement à la page du produit convoité …

Ne sous-estimez la fainéantise de vos visiteurs !
Et n'oubliez pas que la consultation sur mobile a ses propres règles et ses propres pratiques. Car nous parlons ici de 95% de visites via mobiles !

Nous allons examiner les alternatives possibles via les solutions tierces.

Les alternatives

Même si vous pouvez modifier aussi souvent que vous le souhaitez le lien de votre bio, ce n'est pas la solution idéale.
Et la gestion de ces changements constants risque de poser un problème à court ou moyen terme.

Mais il existe des alternatives.
Certaines applications en ligne vous permettent d'insérer, de manière contournée, plusieurs liens en un.
C'est-à-dire de remplacer l'unique lien disponible dans la bio par une URL qui permet d'afficher, non pas un lien, mais une liste de liens qu'il est facile de modifier et d'alimenter via l'application.
L'apparence de cette liste de liens est généralement personnalisable et modifiable facilement.

Pratique pour mettre des liens
- Vers vos produits et promos mentionnés dans vos publications
- Vers les pages importantes de votre site
- Vers une page temporaire, dans le cas, par exemple, d'un événement
- Etc.

Dans la légende des publications concernées, il vous suffira d'insérer par exemple : "voir liens utiles dans la bio" et le tour est joué

Voici une liste d'application de génération de multi-liens dans le seul lien de votre bio Instagram.
Celle-ci n'est pas exhaustive.

Nom	URL	Prix	Plus-values
CampSite	campsite.bio	$0, $7 /mois	Espace autres réseaux sociaux
ContactInBio	contactinbio.com	$0, $7, $28/mois	Insertion d'un formulaire
Later	later.com	$0, $9, $19, $29, 49$ /mois	Later propose de nombreuses autres fonctionnalités (voir "publier")
Ink.bio	Ink.bio	$0, $0.99 /mois	La possibilité d'un "coût à vie" très raisonnable. Très complet.
Linktree	linktr.ee	$0, $6, /mois	Possibilité d'intégration de formulaire MailChimp !
LitUrls	liturls.io	$0, $5.65, /mois	Basique.
Manylink	manylink.co	Gratuit	La gratuité.
Metricool	metricool.com/ Instagram-link/	$9.99 /mois	Comme Later offre d'autres fonctionnalités très différentes
Tap Bio	tap.bio	Gratuit	La gratuité.

La plupart de ces applications proposent deux formules.
Une version gratuite qui vous permet de mettre plusieurs liens clés dans votre "bio", de les modifier à votre convenance et de modifier l'apparence de la table multi-liens.

Une formule payante (< $10/mois) dans laquelle vous avez accès à d'autres fonctionnalités, comme par exemple :
- Des statistiques de clics plus performantes
- La possibilité de planifier l'apparition ou disparition de certains liens.
- Une apparence des liens plus sophistiquée
- L'insertion d'images ou de vidéos
- D'enlever la mention du nom de l'application
- Etc.

Pour une utilisation professionnelle, la version payante est fortement conseillée, car le R.O.I. est parfaitement justifié !

D'autres applications, sur le même principe, ont développé une solution eshop au lieu d'une liste de liens

Nom	URL	Utilisations
FourSixty	foursixty.com	Transforme votre lien bio Instagram en galeries de vente pour votre boutique en ligne (Shopify, WooCommerce, etc.). À partir de $50 / mois
Have2Have	have2have.it	Mêmes principes. Prix sur devis.
Like2Buy	curalate.com/ solution/like2buy/	Mêmes principes. Prix sur devis.
Soldsie	soldsie.com	Générateur de multiliens type galerie dans votre bio Instagram pour générer des ventes. 30 jours d'essai gratuit. $0, $5, $45, $150, $300 / mois
Tapshop	olapic.com/ tap-shop/	Mêmes principes. Prix sur devis.

Cette liste n'est également pas exhaustive et en constante évolution.

Notes :

- Toutes ces solutions sont de type SaaS, ce qui signifie "Software as a Service" (logiciel en tant que service). Les applications sont hébergées par un fournisseur de service sur Internet. Elles sont accessibles via votre navigateur Internet. Elles nécessitent une inscription.

La landing page

Autre solution : Utiliser le lien de la biographie Instagram pour diriger vers une landing page, c'est-à-dire une page spécifique et optimisée.

La solution est à la fois simple et pertinente, car au lieu de générer du trafic vers une application, vous pouvez, de cette façon, attirer du trafic vers votre site web.

Le seul frein à utiliser une landing page au lieu d'une application de type Linktree est de l'ordre des capacités graphiques de votre équipe / webmaster.
Êtes-vous capable de générer une page "sexy" et capable de convertir un maximum ?

Avoir une page dédiée et optimisée sur votre site, vous permet au fur et à mesure que votre activité se développe ou votre nombre de produits/services augmente de

- Diriger vers les bonnes sections de votre site
- Gérer vos promotions
- Informer sur vos événements
- Etc.

Et contrairement à la page d'accueil par défaut de votre site, vous pouvez rendre cette landing page plus créative et plus commerciale. Ou en créer une pour chacun de vos réseaux sociaux en reprenant les thèmes, les ambiances, les visuels, ... Tout est alors possible !

Et si vous ne disposez pas d'un site (ou d'un boss) qui permet ce type d'initiative, vous pouvez toujours utiliser un autre service tiers comme par exemple, Leadpages.

Essentiel

Publier sur Instagram

Publier sur Instagram

Maintenant que vous avez créé votre compte et peaufiné votre profil, il est grand temps de "passer au plat de résistance", poster sur votre profil.

Voyons ensemble les meilleures pratiques et les astuces pour que vous ayez rapidement un retour sur investissement sur vos efforts sur Instagram.

Cette partie va vous donner des conseils techniques, mais aussi des astuces stratégiques.

Choisir le format de publication Instagram

Pendant des années, Instagram ne permettait que de télécharger des photos carrées, puisqu'il s'agit de son format historique.
Ce format reste bien présent puisque sur votre fil d'actualité, l'affichage des photos et vidéos restent en format carré.

Maintenant, vous n'avez plus à recadrer vos photos puisque depuis 2015, Instagram accepte des publications en format portrait (vertical) et paysage (horizontal).

Ayez tout de même conscience qu'Instagram est majoritairement consulté sur mobile et celui-ci est utilisé le plus souvent en position verticale.

De cette constatation, il faut en déduire que le format à privilégier est le format vertical (portrait) si l'on veut être en adéquation avec les utilisateurs.

De plus, l'utilisation du format paysage condamne votre image à la moitié de l'écran en consultation courante (en vertical).
Une raison de plus de produire des photos et vidéos en format vertical.

L'intérêt de vos publications

Rappelons qu'Instagram est avant tout un média visuel qui permet à ses membres de découvrir des photos et des vidéos. C'est donc le lieu de ralliement des amateurs de belles images.

La qualité et l'intérêt de vos photos et de vos vidéos sont donc primordiaux.
Vos abonnés doivent avoir envie de cliquer sur "j'aime" quand ils les voient.

Nous avons vu ensemble l'intérêt de :
- Mettre en place une stratégie pour faire connaître vos produits et services
- Respecter une ligne rédactionnelle
- Connaître vos cibles
- Penser "communication visuelle"

Toutes ces notions, lorsqu'elles sont assimilées par vous et vos équipes, vont déterminer ce que vous allez publier.

Vous pouvez bien entendu publier certains contenus "pour vous faire plaisir".
Mais il faudra surtout veiller à publier du contenu qui intéresse réellement vos abonnés (et abonnés potentiels) pour respecter vos objectifs ...

Votre objectif et votre ambition doivent être subordonnés aux aspirations et aux objectifs de votre clientèle.
En termes simples, il ne s'agit pas de vous. Vous êtes récompensés quand vous donnez à vos abonnés ce qu'ils veulent.

Quelques conseils

Soyez exigeants

- N'oubliez pas que ce qui intéresse le plus vos abonnés, c'est ce qui peut résoudre leurs problèmes, les émerveiller ou les émouvoir ...
- Ne postez que s'il y a vraiment quelque chose à communiquer. La sagesse conventionnelle veut que vous devriez adopter une approche de qualité plutôt que de quantité sur Instagram. Même s'il est conseillé de poster très régulièrement ...
- Quel que soit le type de message que vous publiez, il doit être conçu de manière que vos abonnés restent bloqués sur votre contenu lorsqu'ils font défiler leurs flux d'actualités ou vos visiteurs lorsqu'ils visitent votre compte.
- Partagez des photos autour desquelles vous pouvez raconter une histoire. Comme je l'ai déjà évoqué : un fait est vite oublié, une histoire reste dans les mémoires. Même si vous parlez d'un de vos produits ou d'un objet que vous avez créé, il y a toujours une histoire à raconter ...
- Choisissez des images qui n'offenseront personne. La plupart des entreprises évitent de publier des images douteuses. Mais malheureusement, elles sont encore trop nombreuses à ne pas se rendre compte à quel point un contenu inapproprié peut être préjudiciable à leur marque.

Soyez créatif

- Quand vous publiez une photo d'un produit, n'oubliez pas qu'Instagram n'est pas un site vente en ligne ou un catalogue. Votre produit doit être mis en scène ou en situation. Vous devez tout faire pour la photo soit la plus esthétique possible. Tout produit peut-être "beau" si on prend le temps d'y veiller … L'objectif est de créer des "accroche-regards" qui éveilleront la curiosité de vos abonnés. Vous pouvez également montrer comment le produit est utilisé par des gens ordinaires.
- Soyez créatifs, quel que soit votre produit.
  Exemple : une entreprise américaine qui fabrique des stylos a trouvé un moyen original de faire de belles photos tout en montrant son produit. Une grande partie de leurs publications sur Instagram sont de grands dessins ou de citations qui sont faits avec leurs stylos. Les stylos sont présents dans chaque image.
  Idem pour des entreprises comme GE (www.instagram.com/generalelectric/) qui ont fédéré 375.000 abonnés alors que leur secteur n'est pas particulièrement "glamour" …
- Si vous désirez poster de nombreuses photos sur le même thème au cours de la même journée, plutôt que d'inonder votre compte (et le fil d'actualité de vos abonnés), vous pouvez réaliser un collage grâce à l'application "Lay-out" (disponible pour iOS et Android) ou faire un album. Ce sera plus respectueux pour ceux qui vous suivent et cela apportera de la diversité dans vos publications …

Soyez stratégique

- Associez la bonne image et le bon texte. La photo doit être convaincante visuellement, sinon le contenu et les hashtags sont inutiles. Et veillez à provoquer une interaction avec vos abonnés.
- Mélangez la nature de vos messages. Utilisez des instantanés, des vidéos, des photos amusantes, des messages créatifs, des offres, des trucs et astuces, etc.
- Si vous êtes en contacts étroits avec vos abonnés, vous pouvez aussi obtenir des photos qui illustrent comment chacun d'eux utilise votre produit. Ou vous pouvez réaliser ce type d'image lors d'un événement que vous organisez. Ne sous-estimez pas la puissance de ces images. Les expériences client sont de plus en plus souvent considérées comme des recommandations.
- Pensez également à alterner photos et vidéos (par exemple trois photos, une vidéo) pour ne pas lasser ceux qui vous suivent. Vous pouvez aussi insérer d'autres formats comme le "diaporama", le "montage photo" "boomerang", l'"hyperlapse", les "stories", etc. (voir plus loin). Cela donnera un rythme à vos publications.
- Vous pouvez également donner rendez-vous à vos abonnés pour un live ou la vidéo du jour. C'est une bonne technique de fidélisation de vos abonnés !

Soyez cool

La mentalité d'Instagram est un peu particulière.
Le réseau social s'adresse, le plus souvent, vers un public un peu "différent", plus créatif, plus imaginatif.

Si vous désirez vendre ou positionner vos produits, je vous conseille d'être plus habile que vous ne pourriez l'être sur d'autres réseaux sociaux.

Par exemple, sur Facebook, on conseille de ne pas publier plus de 30% de promotions sur l'ensemble du contenu. Soit maximum, une promotion sur trois publications.

Pour Instagram, je descendrais ce plafond à 10% si vous désirez tenir dans la durée et constituer une vraie communauté de personnes qui vous suivent.

Certains choisissent de se comporter comme des bourrins et de matraquer leurs abonnés. Mais on ne les voit pas très longtemps.
À vous de voir ...

Soyez patient

Votre stratégie d'image, si elle est bien conçue, vous permettra de développer une image de marque cohérente au fil du temps, ce qui inspirera confiance à vos abonnés.

Surtout que votre contenu n'est pas aussi éphémère qu'un tweet Twitter ou un message Facebook. Les images d'Instagram sont appréciées très longtemps. Même si les conversations sont moins fréquentes, il existe une culture de partage et d'engagement qui a un réel pouvoir.

La Qualité de vos photos

La qualité de vos photos et vidéos mérite un livre en soi.

En ce qui concerne la composition, l'éclairage et autres aspects créatifs, veuillez consulter la partie "Communication visuelle".

Le format et la résolution des photos

Les formats les plus couramment conseillés sont :

- Photo paysage Instagram : photos en 1080×566 pixels ou supérieur
- Photo portrait Instagram : photos en 1080×1350 pixels ou sup.
- Photo pour les stories Instagram : 1080×1920 px (plein écran full HD)
  Ces différents formats seront redimensionnés par la plateforme.

Au niveau de la résolution, voici ce qu'Instagram déclare :
" Lorsque vous partagez une photo sur Instagram, que vous utilisiez la version iOS ou Android, nous veillons à la télécharger dans la meilleure résolution possible (largeur maximale de 1 080 pixels).

Lorsque vous partagez une photo d'une largeur comprise entre 320 et 1 080 pixels, nous conservons cette photo dans sa résolution originale tant que le rapport hauteur/largeur est compris entre 1.91:1 et 4:5 (hauteur comprise entre 566 et 1 350 pixels avec une largeur de 1 080 pixels). Si le rapport hauteur/largeur de votre photo n'est pas pris en charge, votre photo sera recadrée pour correspondre à un format correct. Si vous partagez une photo d'une résolution inférieure, nous l'agrandissons jusqu'à une largeur de 320 pixels. Si vous partagez une photo d'une résolution supérieure, nous la réduisons jusqu'à une largeur de 1 080 pixels."
https://help.instagram.com/1631821640426723

La netteté

Proposer des photographies nettes semble un effort minimum.
À moins que vous désiriez apporter un effet dit "artistique", mais
cela doit être évident et ne pas ressembler à un accident ou un
mauvais choix.
La plupart des téléphones mobiles vous permettent de faire la
mise au point sur plusieurs zones de l'écran avant de prendre la
photo. À vous d'approfondir cette fonctionnalité en fonction de
votre mobile.

Parler de netteté, c'est aussi parler de "profondeur de champ".
Sans entrer dans les explications techniques, on peut prendre un
exemple simple : si vous faites le portait d'une personne et que
le visage est bien net (la netteté, en principe, se fait sur les yeux
de la personne), vous pouvez suivant vos conditions de prise de
vue avoir le fond de l'image net ou flou.
Dans le présent cas, il préférable d'avoir une courte profondeur
de champ et donc le fond de l'image flou. Ce qui fera ressortir
davantage la partie nette du visage.
Dans le cas d'un paysage, c'est le contraire qui est conseillé (en
général), donc un maximum de netteté sur toute la profondeur
de l'image (profondeur de champ élevée).
La profondeur de champ peut aussi être générée artificiellement
grâce à des applications, comme par exemple, SynthCam.

Une bonne maîtrise de ces principes de netteté vous apportera
de la simplicité et de l'efficacité au niveau de vos images.

La question pour chaque image est : vers quoi les gens seront-ils
attirés à l'intérieur de l'image, et comment puis-je mettre cette
partie bien en évidence ?

L'utilisation des Filtres

L'application Instagram a été conçue pour permettre aux photographes de modifier substantiellement leurs photos avant de les partager.

Afin de donner des aspects un peu particuliers aux photos, ils ont mis au point des filtres qui sont destinés à modifier les couleurs (jusqu'au noir et blanc), le contraste et d'autres aspects techniques.

Il existe un groupe de "puristes", utilisateurs d'Instagram, qui a un réel mépris pour les filtres.
Ils préfèrent de loin voir des images de haute qualité et non "filtrées" plutôt que des images de qualité inférieure et fortement modifiées.
Vous devrez choisir le point de vue que vous voulez adopter, sachant que certaines photos méritent vraiment d'être améliorées et d'autres moins. Contrairement à ces puristes, je ne pense pas que toutes les photos sont nativement des chefs d'œuvre.

Pour que les couleurs soient éclatantes, n'oubliez pas de veiller à la qualité de la lumière comme je l'ai évoqué précédemment.

135

Voici une sélection d'applications qui peuvent vous offrir d'autres possibilités que l'application Instagram :

Nom	URL	Type	Prix	Utilisations
Facetune	App Store Play Store	Appli iOS & Android	Gratuit / 2,99€	Parmi ses nombreuses fonctions, permet de "lisser" vos photos pour estomper un défaut ou rendre vos portraits parfaits. Gratuit avec publicité.
ImageQuote	App Store Play Store	Appli iOS & Android	Gratuit	Permet d'ajouter du texte sur les images que vous désirez publier.
InstaSize	App Store Play Store	Appli iOS & Android	Gratuit	Retouche photos, filtres, ajout de test, collage, lissage, etc.
iWatermark	App Store Play Store	Appli iOS & Android	Gratuit	Permet d'ajouter du texte (par exemple votre nom) ou votre logo sur toutes les images que vous désirez publier pour les protéger du vol.
Panoragram	App Store	Appli iOS	Gratuit	Partagez jusqu'à 10 photos et vidéos dans une seule publication, à la manière d'un album.
PhotoDirecto r	App Store Play Store	Appli iOS & Android	Gratuit / 9.99€	Équivalent ou presque du logiciel PC de Cyberlink
PicLab	museworks.co/ piclab	Appli iOS & Android	Gratuit	Permet d'ajouter du texte & des logos sur les images que vous désirez publier.
Picsart	App Store Play Store	Appli iOS & Android	Gratuit	Permet des effets, collages, stickers, ajout de textes, etc. Application très riche en fonctionnalités.
Pixlr	App Store Play Store pixlr.com	Appli iOS & Android. Et Service web.		Retouche de photos : recadrage, rotation, correction des yeux rouges, ajustement des couleurs, contraste, netteté, filtres et effets.

Retrica	retrica.co	Appli iOS & Android	Gratuit	Retrica permet d'appliquer des filtres en temps réel, c'est-à-dire AVANT la prise de vue pour juger de l'apparence potentielle. Vous pouvez également y créer directement des gifs animés et des collages.
Snapseed	App Store Play Store	Appli iOS & Android	Gratuit	Optimisation de vos photos : correction automatique, réglage sélectif, correction manuelle, rotation, recadrage, filtres personnalisés. Outil très puissant et largement répandu.
Videohance	App Store	Appli iOS	Gratuit	Optimisation et modification de vos fichiers vidéo
VSCO	App Store Play Store	Appli iOS & Android	Gratuit / $19.99 / an	Célèbre pour ses filtres photo A6 & HB2 (gratuits). D'autres filtres originaux disponibles contre paiement.
WordsWag	wordswag.co	Appli iOS & Android	Gratuit	Permet d'ajouter du texte sur les images que vous désirez publier.

137

Plusieurs photos dans une seule publication Instagram

Si vous possédez plusieurs photos prisent en même temps ou sur la même thématique, Instagram vous propose une alternative au fait de poster trop de photos en même temps.

En effet, vos abonnés aiment (en principe) découvrir vos publications, mais ont-ils envie d'avoir leur fil d'actualité inondé de nombreuses photos de vous.

En alternative, Instagram vous permet de publier jusqu'à 10 photos ou vidéos dans la même publication (album).
Vos abonnés verront alors qu'il s'agit d'une publication multiple par un petit sigle en haut à droite sur la première photo qui sera votre "photo de couverture".

Pratiquement, c'est extrêmement facile, vous n'avez qu'à appuyer sur le bouton *"Sélection multiple"* qui se situe juste à côté du bouton pour faire votre diaporama.

Alternative, si vous avez créé une image de type panorama, vous pouvez la fractionner pour la publier sur Instagram grâce à :

Nom	URL	Type	Prix	Utilisations
Panoragram	App Store	Appli iOS	Gratuit	Partagez jusqu'à 10 photos et vidéos issues d'un panorama dans une seule publication, à la manière d'un album.

L'alternative du photomontage

Une autre alternative à la publication multiple quand vous avez un ensemble de photos à publier est le photomontage.

Celui-ci consiste en une seule image, mais composée d'un montage de vos différentes photos, aussi appelé "montage photos" ou " collage photos".

L'application Instagram ne permet pas de faire ce type de montage, mais Instagram propose "Layout", à télécharger indépendamment et qui permet d'assembler jusqu'à 9 photos à la fois. Celles-ci sont choisies dans votre galerie photo ou peuvent être prises à la volée à cette fin.

D'autres applications vous permettent également de le faire très simplement, souvent avec davantage de possibilités :

Nom	URL	Type	Prix
Blend Editor	App Store Play Store	Appli iOS & Android	Gratuit
Shape collage	App Store shapecollage.com	Appli iOS & PC (Win & Mac)	Gratuit ou $40
Diptic	dipticapp.com	Appli iOS & Android. Également Windows & Mac.	Gratuit
Fotor	App Store Play Store	Appli iOS & Android	Gratuit
Instapic Frames	Play store	Appli Android	Gratuit
Layout	App Store Play Store instagram.com	Appli iOS & Android	Gratuit
PicStitch	App Store Play Store	Appli iOS & Android	Gratuit

Entre la photo et la mini-vidéo : le GIF animé

Les GIF animés sont amusants, faciles à comprendre et, surtout, très légers, c'est pourquoi tout le monde les aime et les partage sur les réseaux sociaux.

On a plusieurs fois dit qu'ils étaient passés de mode, mais ils reviennent régulièrement avec toujours autant de succès.

Et comme Instagram est la meilleure plateforme de médias sociaux pour créer un lien émotionnel avec vos abonnés, je vous conseille d'y avoir recours de temps en temps.

Pratiquement

Vous avez besoin d'une application pour créer ces gifs animés et il en existe de très nombreuses.

Vous partez, la plupart du temps, d'une vidéo et les formats les plus couramment acceptés sont MP4, MOV, MPG et M4V. Mais vous pouvez également vous appuyer sur des photos.

Les applications les plus utilisées sont :

Nom	URL	Type	Prix
Gif Maker	gifmaker.org		
Giphy	giphy.com/create/gifmaker	Web, appli iOS et Android	
Giphy Cam	App Store Play Store	Appli iOS & Android	Gratuit
ImgPlay	App Store Play Store	Appli iOS & Android	Gratuit
Make a Gif	makeagif.com/video-to-gif		
MomentoGifs	App Store Play Store	Appli iOS & Android	Gratuit

Comment utiliser Instagram pour le marketing vidéo

Aider votre public à se sentir plus connecté à votre marque grâce à la transparence sur la vie de votre entreprise et la réponse aux préoccupations, ce qu'apprécient beaucoup les consommateurs.

Résoudre un problème

C'est ici que le marketing vidéo et le marketing de contenu se rencontrent. Le marketing de contenu consiste à donner de la valeur à votre public. Quelle meilleure façon d'ajouter de la valeur qu'une courte vidéo montrant comment résoudre un problème commun ou simplement comment faire quelque chose de plus compliqué ?

Il est parfois plus facile de décrire l'utilisation d'un produit par une vidéo que par un manuel d'utilisation.

Promouvoir vos produits

L'erreur de certaines entreprises et certains spécialistes du marketing est d'utiliser les médias sociaux uniquement pour pousser leurs produits sous le nez des consommateurs.

Mais ça fonctionne mal sur Instagram.

Les instagrammeurs, encore plus que sur d'autres réseaux sociaux ne désirent pas être bombardés de contenu promotionnel.

Par contre, ils sont très friands de nouveautés.
Montrez-leur votre nouveau produit en exclusivité ou demandez leur avis en cours de conception.

Il y a de grandes chances que cela se traduise dans les ventes.
N'oubliez pas que l'engagement sur Instagram est beaucoup plus fort sur les autres réseaux sociaux. Mais il faut faire preuve de doigté ...

Capturer les événements spéciaux

Pensez aux événements liés directement ou indirectement à votre entreprise.
Si cela a un intérêt pour vos abonnés, n'hésitez pas à les publier.

L'intérêt de vos vidéos

Même si la photo simple a encore la part belle dans Instagram, la vidéo y est de plus en plus présente et consultée.
En un an, on note une **hausse de 80% de temps de visionnage des vidéos**

Vos vidéos doivent correspondre aux mêmes critères d'intérêts, de pertinence et de qualité que vos publications photo.

De plus, vous n'avez pas plus de 60 secondes pour capter l'attention des téléspectateurs si vous utilisez le format vidéo standard d'Instagram.
Et encore 60 secondes, c'est long sur un smartphone.
Le temps moyen de visualisation d'une vidéo est souvent de 15 à 20 secondes.

Donc, chaque seconde compte.

Cela vous oblige à faire preuve de créativité pour faire passer votre idée rapidement.

N'oubliez pas que derrière chaque publication, vous devez avoir le souci de tisser un lien émotionnel. Ce lien émotionnel sera votre tremplin vers l'acte d'achat, immédiat ou différé.

Les vidéos doivent également contribuer à construire votre image de marque. Pensez aux clips vidéo pour les voitures ou les parfums, où l'on vend "un univers" ou "un style de vie", avant de vendre un produit.

Enfin, pensez toujours aux personnes auxquelles vous désirez vous adresser (les personas) et apportez-leur ce qu'ils attendent de vous.

La vidéo est un média puissant. Ne l'oubliez pas.

La Qualité de vos vidéos

La durée

Il existe actuellement deux types de durée de vidéos : la vidéo courte (60 secondes maximum) et le "nouveau" format (10 minutes maximum). Voici pourquoi et comment …

La vidéo courte

La raison est historique.
En 2013, Instagram a d'abord choisi de limiter la durée des vidéos acceptées sur la plateforme (15 puis 60 secondes maximum).

Le choix est évident, la consultation sur mobile privilégie les formats courts et la consultation immédiate.

Instagram, c'est aussi l'application de la rapidité, qu'on ouvre quand on a le temps et qu'on referme aussitôt.

Bien que les vidéos soient fortement consultées, certains instagrammeurs trouvent plus agréable de faire défiler des photos que d'ouvrir une vidéo.

Et si la vidéo semble intéressante, ils vont apprécier les vidéos de 10, 20, voire 30 secondes, mais rarement plus.

C'est pourquoi ce format et cette limitation de durée sont encore très utilisés.

Par contre, pour les vidéos de moins de 20 secondes, l'une des caractéristiques les plus cool de Vine qu'Instagram a adoptées sont les vidéos en boucle infinie (sans fin). Une fois qu'un clip est terminé, il redémarre automatiquement.

Les clips courts se prêtent naturellement à être bouclés encore et encore, parce que vous ne pouvez pas vous empêcher de les regarder à nouveau au cas où vous auriez manqué quelque chose.

En 2018, Instagram lance IGTV

IGTV est une application autonome, mais liée au compte Instagram. Elle est spécialement conçue pour les smartphones comme celle d'Instagram.

IGTV permet aux utilisateurs de télécharger des vidéos verticales d'une durée maximum de 10 minutes, avec une taille de fichier allant jusqu'à 650 Mo.

Les utilisateurs vérifiés et populaires sont eux autorisés à télécharger des vidéos d'une durée maximale de 60 minutes avec une taille de fichier allant jusqu'à 5,4 Go.
Comprenez que la notion "utilisateurs vérifiés et populaires" signifie "marques", "annonceurs importants" et "influenceurs" ...

Avec IGTV, Instagram (appartenant à Facebook) compte bien faire de l'ombre à YouTube (appartenant à Google) et attirer de nombreux Youtubeurs avec des fonctionnalités axées uniquement sur une expérience mobile ...

Mais il faut savoir qu'une vidéo de plus de 3 minutes semble longue sur portable. Et quoi dire d'une vidéo de 60 minutes.

Instagram n'est pas YouTube.
On ne vient pas sur Instagram pour un tutoriel.
Et il est mal vu de dégainer la caméra dans n'importe quelle situation, banale ou non.

La vidéo Instagram doit rester précieuse.
Elle doit capturer un moment précis et rester esthétiquement intéressante.

Il est d'ailleurs dans l'intérêt de la plateforme de sauvegarder un esprit et un goût de la qualité et de l'esthétisme.

En imposant la vidéo verticale (ce qui n'est pas un mauvais choix), Instagram rend presque impossible toute comptabilité avec les autres plateformes vidéo.

Ce qui peut être stratégiquement pénalisant puisque, d'une part, YouTube est largement leader du marché et dispose de moyens énormes. Et d'autre part, cela va obliger les créateurs et les entreprises de réaliser systématiquement deux tournages, l'un horizontal et l'autre vertical.

Instagram, qui croit en sa stratégie, encourage l'utilisation d'IGTV en ajoutant des notifications pour les nouvelles vidéos et en leur apportant un maximum de visibilité dans son application. En effet, peu importe les autres publications "traditionnelles", la publication IGTV sera en tête du fil d'actualité avec une notification visible, ce qui est idéal pour la notoriété d'une marque.

Des marques se sont déjà jetées à l'eau comme par exemple, Spotify qui utilise IGTV pour partager des histoires sur les artistes disponibles sur sa plateforme musicale. Ou encore AirBNB qui promotionne ainsi des destinations de voyages.

Mais la majorité des marques se montrent jusqu'à présent frileuses. Elles préfèrent YouTube, leader sur ce marché et propriété de Google et intimement lié à son moteur de recherche.

Techniquement

Vertical

Le format est donc vertical, format conseillé également pour les vidéos courtes de 60 seconds maximums.

Contrairement à Facebook et surtout à YouTube, Instagram impose un format vidéo spécifiquement adapté aux mobiles, avec le plein écran vertical.

Il s'agit d'un format contraignant, mais qui garantit une vision optimale sur smartphones et un format unique (il n'est plus nécessaire de constamment faire pivoter son mobile).

Le son

D'après les statistiques d'Instagram, 60% des vidéos sont visionnées avec le son actif

Lorsque vous téléchargez une vidéo, Instagram vous demande de choisir : publier avec ou sans le son.

Le son est-il préférable, nécessaire, superflu ?

L'idée paraît étrange de publier un film muet sur un fil d'actualité. Mais un film silencieux peut
capter davantage l'attention qu'une vidéo avec son.
De plus, le son peut être un facteur gênant si l'on est, par exemple, dans un endroit public.

Car le son doit être justifié.
Il est indispensable si l'on filme un concert, un discours ou une interview. Grâce à une musique d'ambiance, l'on peut plonger l'utilisateur dans une atmosphère particulière.

Mais le son peut être aussi gênant, s'il est de mauvaise qualité ou une uniquement constitué d'un bruit d'arrière-plan...
Donc si le son n'est pas un facteur important, supprimez-le.

Créez des vidéos ayant du sens même sans le son. Certaines personnes aiment faire défiler Instagram en classe, au travail ou dans d'autres endroits où le son est banni. Ils n'obtiendront peut-être pas le plein effet, mais ils comprendront quand même le concept général de votre clip, même muet.

S'il est essentiel, soignez-le grâce, notamment, à l'utilisation d'un micro externe :
- Un micro-cravate pour une interview
- Un micro main pour un "trottoir"
- Un micro canon dès que l'on veut réaliser un reportage
-

N'oubliez pas l'adaptateur ou l'interface audio souvent indispensable pour brancher le micro sur le smartphone.

Comme les photos

Si vous réalisez votre vidéo directement à partir de votre téléphone, comme pour les photos, avant la publication, vous pouvez lui appliquer un filtre et choisir la photo de "couverture" de votre vidéo.

Comme pour les photos, vos abonnés pourront interagir à travers des likes, des commentaires ou même partager le lien avec un de leurs contacts.
Le partage via des applications comme "Repost" fonctionne également pour les vidéos ...

Quelques conseils techniques

Comme nous l'avons vu dans la rubrique "matériel", les principaux avantages à filmer avec son portable sont : on l'a généralement toujours sur soi et il est discret. Pour ces deux raisons, il est très adapté aux tournages de type reportage.

Néanmoins, si la spontanéité ou l'opportunité d'un tournage improvisé ne s'avère pas nécessaire, il est tout de même conseillé de réfléchir au choix et à l'utilisation du matériel le plus adéquat.

Le zoom

Par exemple, si votre tournage va nécessiter de zoomer pour filmer un objet ou une personne qui se trouve loin de votre portable, il faut prendre conscience de certaines contingences techniques.
Un smartphone n'a pas de zoom optique, mais uniquement numérique, c'est-à-dire que l'on grossit les pixels pour avoir une "focale" plus grande.
À cause de cela, un zoom numérique sera toujours plus limité que le zoom optique d'une caméra et l'image sera généralement dégradée en termes de qualité.

De plus, l'utilisation d'une focale plus longue demande une stabilité pour obtenir une image nette que rendra difficilement le smartphone moins stable, car très léger.

Sans oublier que le zoom motorisé sur les objectifs de caméras professionnelles donnera toujours un résultat de changement de focale plus réussi que pourront obtenir les meilleurs utilisateurs de smartphones.

Donc si vous devez zoomer lors de votre tournage, choisissez plutôt une bonne caméra qu'un smartphone.

Une fonction à la fois

Le smartphone est d'abord un outil de communication, mais quand il filme, il ne doit rien faire d'autre !
Ni sonner, ni biper, ni vibrer ou avoir un quelconque comportement qui viendra troubler le tournage.

Donc, avant d'appuyer sur le bouton d'enregistrement, commencez par mettre le smartphone en mode "avion" ou "ne pas déranger".

De plus, en désactivant ses fonctions de communication (4G, Wifi, Bluetooth, etc.), vous réduisez les sources de consommation électrique inutiles et préservez ainsi la charge de la batterie pour le tournage.

Pensez éclairage

Comme je l'ai déjà dit : la lumière est la clé des belles images.

Or le capteur de votre smartphone est limité dans ses possibilités, donc évitez :

- La pénombre ou les pièces peu ou mal éclairées, cela génère rapidement du "bruit", c'est-à-dire des pixels parasites dans les zones les plus sombres et une perte de qualité.
- Les contre-jours, autrement dit de filmer face à la lumière. Sans quoi du sujet placé entre l'objectif et la source lumineuse n'apparaîtra que sous la forme d'une silhouette noire, accompagnée de distorsions.

Si l'éclairage naturel n'est pas suffisant ou que certaines zones de l'espace utilisé nécessitent un "coup de pouce", un éclairage d'appoint est souvent indispensable.

Vous pouvez recourir à certaines mini-torches LED (type "lumière du jour") spécialement conçues pour seconder les smartphones.
Vous pouvez aussi utiliser des réflecteurs (certains sont pliables) pour réfléchir la lumière disponible vers la surface de votre choix.

Attention à l'utilisation de n'importe quel spot ou lampe de bureau disponible.
Les sources artificielles de lumière (néons, halogène, etc.) apportent souvent une dominante de couleur (rose, jaune ou bleu/verte) parce qu'elles ont une "température de couleur" différente.

Donc, sans entrer dans les explications très techniques, évitez de "mélanger" les sources de lumière (lumière naturelle + lumière artificielle).

Pensez stabilité

Je vous renvoie vers la rubrique "matériel" de ce livre où j'évoque la nécessité de garantir des images parfaitement stables. Cette stabilité, est le premier gage de professionnalisme des vidéos.
Vu le poids léger du smartphone, l'aide d'accessoires sera souvent un bon choix (perche à selfie, trépied, monopode, etc.).

L'usage d'un trépied vous permettra aussi de réaliser de beaux panoramiques horizontaux, verticaux, voire combinés avec un peu d'entrainement.
Et bien entendu, n'oubliez pas le grip pour arrimer votre smartphone au trépied.

Le montage

Il existe de nombreuses applications pour smartphones dédiées au montage.
On peut citer :
- VlogIt
- Splice
- Quik
- Adobe Premiere Clip
- LumaFusion
- Enlight VideoLeap
- Clips d'Apple
- Filmmaker Pro
- Movie Spirit
- etc.

Destinés à mettre bout à bout des vidéos en leur ajoutant des effets et des éléments incrustés, ils sont optimisés pour les réseaux sociaux.
Simples, gratuits, avec pas mal de possibilités, et ils sont souvent compatible iOS et/ou Android et suffisants pour réaliser des tâches basiques.

Mais les applications professionnelles sur PC de type "Première" d'Adobe offrent tellement de possibilités et un maniement plus aisé qu'il est difficile pour certains de renoncer à y avoir recours.

À vous de choisir les outils qui vous conviennent le mieux.

Pensez multi-caméra

Le multi-caméra était autrefois utilisé, comme en cinéma, pour obtenir des angles et des plans différents de chaque tournage. Le travail de montage nécessitait d'utiliser chaque source de la manière la plus adéquate.
Le multi-caméra peut encore être utilisé de cette manière.

Mais depuis l'apparition de deux formats de tournage, le traditionnel plan horizontal pour Youtube et le plan vertical pour Instagram et consorts, les tournages se sont un peu dupliqués.

Si vous désirez être présents sur les deux plateformes et donc en deux formats différents, vous n'avez que deux choix.
Faire deux tournages ou réaliser des tournages en mode multi-caméra (une verticale et l'autre horizontale, au minimum).

Pensez longueur des séquences

En vidéo il est important de ne pas réaliser des séquences de plus de 5 à 30 secondes, sauf pour des tournages spécifiques (interview, spectacles, etc.).
Cela vous obligera à vous déplacer, à utiliser d'autres angles et à rendre votre montage plus dynamique.

Il est également essentiel de ne pas tourner des séquences trop courtes non plus (sauf s'il s'agit d'un "effet" voulu), car le spectateur n'aura pas le temps d'analyser la scène tournée.
De plus, trop de petites séquences à la suite l'une de l'autre, peuvent engendrer un sentiment de fatigue et d'énervement.

Les alternatives

Boomerang

Grâce à l'application "Boomerang" d'Instagram, vous pouvez réaliser des mini-vidéos. L'application capture des photos (jusqu'à 20 images par clic), les compile pour créer une vidéo (ou une sorte de GIF animé) accélérée aux images saccadées. Ces vidéos sont créées automatiquement.
De plus quand elle se termine, elle reboucle en sens inverse.

Un format surprenant à utiliser avec parcimonie, mais qui peut apporter de la diversité dans vos formats

Une fois créées, vous pouvez les publier sur Instagram, mais aussi sur Facebook.

Pour ce type de montage, ajouter une musique peut apporter un réel avantage à la publication.

Quand vous avez téléchargé l'application, celle-ci apparaît dans votre interface Instagram grâce à une petite icône dans le coin inférieur droit de votre cadre : qui ressemble à une boucle infinie.

Hyperlapse

L'application Hyperlapse (uniquement disponible sur iOS)
permet, elle, de faire … des "hyperlapses",
C'est-à-dire des vidéos accélérées (donc plus courtes) à partir de
vos vidéos originales qui sont logiquement plus longues.

Donc après avoir tourné votre vidéo (maximum 45 minutes),
vous pouvez ensuite régler la vitesse de lecture (la ralentir ou
l'accélérer).
Attention cependant aux limitations de durée : 60 secondes ou
10 minutes (IGTV) …

Comme pour les autres applications, après modification, la vidéo
est enregistrée sur le portable et peut être partagée avec
Instagram ou Facebook.

(https ://hyperlapse.instagram.com/).

Les stories et les directs

- Les vidéos en direct seront idéales pour un contenu plus événementiel (soirée, inauguration, etc.) ou, par exemple, didactique : une formation ou la visite d'un de vos ateliers.

- Les stories vidéo seront un moyen de faire rentrer votre audience dans votre quotidien, de leur permettre de partager des moments importants pour vous et de renforcer la relation.

Acheter des images ou des vidéos ?

Certaines entreprises seront tentées d'acheter des photos ou des vidéos sur les sites spécialisés pour alimenter leur compte Instagram.

C'est très facile. Les sites proposant cette possibilité sont nombreux : Shutterstock, Fotolia, iStock, Getty? Adobe Stock, etc.

Est-ce pertinent ?

Pour une utilisation telle quelle, non !
La plupart de ces images sont repérables, voire déjà connues.

Mais pour :
- Les insérer dans un photomontage (parmi d'autres photos que vous avez prises)
- En insérer dans une story
- Comme fond pour des superpositions de textes
- Idem pour les vidéos

Donc, en résumé, si une image achetée peut venir renforcer votre communication visuelle, pourquoi pas !

Restez vigilants concernant les droits d'utilisation ...

La légende

Instagram détient sa force dans la communication visuelle. Nous l'avons déjà vu, il est essentiel d'utiliser des visuels forts pour être visible et suivi sur la plateforme.

Par contre, avec l'option légende (celle-ci est facultative), on peut, grâce au texte :

- Renforcer l'impact de l'image et donner quelques explications, si nécessaire
- Insérer un CTA (call-to-action) pour inviter les abonnés à réaliser une action donnée
- Agrémenter de hashtags pour être plus facilement trouvé par les non-abonnés
- Inclure d'autres informations : lien (non cliquable), géolocalisation, etc.

Renforcer l'image par le texte

Vous l'avez compris, ces quelques lignes de texte aident non seulement à donner du contexte à votre image, mais elles contribuent également à mettre en valeur la personnalité de votre marque et à créer de l'interaction avec vos abonnés.

Voici quelques conseils :

Soyez concis

L'inconfort de la lecture sur smartphone ne pousse pas vos abonnés à lire de longs textes !

Bien qu'Instagram autorise 2200 caractères dans les légendes, il est conseillé de les limiter à … 125 caractères !

Pourquoi ?

- Saviez-vous que la longueur de votre légende Instagram affecte sa lisibilité dans le flux des publications ? Dans le flux d'actualité d'un abonné, la légende est coupée après les trois premières lignes.
- Qu'un texte plus long vous oblige à cliquer sur le bouton "... plus de" pour voir l'intégralité du texte. Pas très pratique sur portable !
- Instagram est une plate-forme où le contenu est consommé rapidement. Un texte long risque donc d'être ignoré.
- Pour rentabiliser cet espace, n'est-il pas plus opportun d'engager votre public avec un CTA pour qu'il réagisse avec des commentaires, des messages directs, des likes et des vues de vos prochaines publications ...

Si vous devez absolument laisser une légende assez longue :
- Pensez à la faire débuter par un petit résumé. De cette façon, les plus pressés liront votre message et les plus curieux seront motivés à parcourir votre texte jusqu'au bout pour en savoir plus.
- Veillez également à laisser de l'espacement entre les paragraphes, ce qui rendra le texte plus agréable à lire surtout sur petits écrans.

N'oubliez pas les Emojis

Ils sont l'ADN d'Instagram comme les hashtags.

Ils peuvent :
- Renforcer votre propos
- Attirer l'attention (ah, toujours cette communication visuelle !)
- Vous permettre un contresens (par exemple, dédramatiser à la fin d'un texte sérieux ou triste)
- Faire sourire
- Etc.

Une entreprise devrait-elle vraiment utiliser des emojis sur Instagram ?
D'après certaines statistiques, plus de 50% des légendes d'Instagram en contiennent au moins un, mais la question peut lancer un débat.

Faites, cependant, attention à ce qu'ils n'enlèvent pas ni la crédibilité, ni le sens du message. Il ne faut pas dérouter votre auditoire, ni nuire aux objectifs de votre publication.

Enfin trop d'utlisation d'emojis tue leur côté attrayant et rend votre message difficile à lire, voire franchement lourd ...

Si vous respectez ces quelques règles, pourquoi ne pas les utiliser un peu et de temps en temps …

Analysons les autres éléments à insérer dans vos légendes :
- CTA
- Hashtags
- Liens
- Etc.

Les CTA

Pour créer des interactions avec les abonnés et de cette façon, établir un lien personnel avec eux, il est, de temps en temps, nécessaire de les stimuler.

Chaque message est une chance d'interaction.
On peut avoir, soit, une stratégie passive, si on considère que le contenu est suffisamment puissant pour faire réagir votre communauté.
Soit, une stratégie active, si on décide de plutôt provoquer une réaction de leur part. D'où l'utilisation de CTA (call to action) destinés à faire réagir le lecteur.

Voici quelques exemples de CTA, certains sont classiques, d'autres moins, mais ce qui est important est de trouver ceux qui provoqueront un maximum d'interactions de la part de vos abonnés.

Posez des questions

C'est une technique bien connue des influenceurs sur les réseaux sociaux.

- Le fait de poser une question ou de demander un avis va provoquer l'intérêt du lecteur.
- Il va se sentir valorisé puisqu'on lui demande son avis.
- De plus, les avis des uns vont provoquer des réactions d'autres abonnés

Il est obligatoire que les questions soient pertinentes. Il serait contre-productif de poser des questions inadéquates qui ne correspondent pas aux objectifs de votre entreprise ou qui n'intéresseront pas vos abonnés.

Vous pouvez également poser des questions qui vont surprendre vos abonnés.

Par exemple, Lego demande à ses abonnés :

"N'êtes-vous pas intéressé par savoir quel outil serait le mieux pour capturer un dinosaure ?"

Bon, à utiliser bien entendu avec doigté, votre cible n'est peut-être pas la même que celle de Lego ...

Demandez du feedback

Si vos abonnés sont des clients, c'est l'occasion d'obtenir des commentaires précieux et de comprendre pourquoi vos abonnés utilisent vos produits et services.

C'est une bonne occasion de faire une mini étude de marché.

Il est conseillé de faire cette opération sur un produit à la fois pour des raisons pratiques.

Questions à 2 choix

Au lieu de poser une question "ouverte", vous pouvez demander à vos abonnés de faire un choix. Cette technique est, par exemple, idéale pour la sortie d'un produit ou d'un packaging : " le nouvel emballage, vous le préférez orange ou bleu ?"

L'avantage est que la réponse sera rapide et facile à traiter. Il s'agit d'une démarche qui se veut utile puisqu'elle s'apparente également à une mini étude de marché ...

Organisez un concours.

Même si la technique n'a rien d'original, un concours peut vous apporter beaucoup d'abonnés.

Il existe de nombreux challenges possibles :

- Pour gagner, les personnes intéressées doivent aimer la photo, mentionner **3 autres personnes** dans les commentaires et vous suivre.
- Demandez aux clients de télécharger une photo. Ensuite de la publier, en utilisant l'hashtag de votre concours et en répondant à une question ouverte.
- Incitez vos abonnés à être créatifs pour une tâche que vous avez définie. Exemple, vos utilisateurs doivent aborder un sujet particulier dans une image et ensuite mentionner @votrenom ou un hashtag.
- Organisez un concours photo et rendez vos abonnés célèbres en publiant leurs photos sur votre site lorsque le message correspondant a quelque chose qui correspond avec votre produit ou service.
- Trouvez un sujet qui coïncide avec le quotidien de vos abonnés : les saisons, la rentrée des classes, les événements sportifs, les vacances, etc. Vous cherchez des idées ? Jetez un coup d'œil aux concours Facebook !
- Faites en sorte que le gagnant de votre concours face l'objet d'un vote des autres instagrammeurs. L'introduction d'un élément de vote augmentera considérablement les chances que votre concours devienne viral. Les participants au concours auront envie de solliciter le vote de leurs amis, de leur entourage et des amis de leurs amis pour gagner.
- Etc.

De tels concours peuvent se répandre rapidement, puisque les messages de vos abonnés sont lus par leur entourage immédiat. C'est l'un des meilleurs moyens de renforcer votre présence.

Le off line / on line

Par exemple, organisez un photowalk !

Rassemblez d'autres utilisateurs d'Instagram et rencontrez-les pendant une heure ou deux pour tourner dans votre ville ou mieux, votre entreprise.

Soyez créatif - à peu près n'importe quel espace peut produire des clichés cool et uniques s'ils sont photographiés de la bonne façon.
N'oubliez de demander aux participants d'introduire un de vos produits dans chaque cliché, si possible de manière humoristique.

Vous pourrez avoir des photowalks avec plus d'une centaine de personnes ou avec seulement une poignée de personnes.
Ce n'est pas important.

L'essentiel est de recevoir un bon contenu.
Et c'est aussi d'apprendre beaucoup de vos abonnées.
Cerise sur le gâteau, vous pourriez même créer de grandes amitiés dans le processus !

Le prix

Le prix doit être motivant pour les participants.
La valeur réelle ou symbolique de l'incitatif doit être forte.
Choisissez un prix qui se connecte particulièrement bien avec votre cible. Soyez subtil et renseignez-vous.

Inutile, par exemple, d'offrir le nouveau smartphone haut de gamme à un senior peu à l'aise avec les nouvelles technologies, préférez alors lui offrir un week-end all-in.

Les gagnants peuvent également être mis en vedette dans la publicité de leur région et sur votre site web.

La bonne vieille promotion

La promotion est un grand classique qui pousse à l'action.
En revanche, celle ne provoquera pas nécessaire des réactions.

Veuillez à préciser à ce que cette promotion est réservée (si c'est le cas) à vos abonnés et veillez à ce que ce soit intéressant ...

Comme vous le savez, vous ne pouvez pas inclure le lien cliquable dans votre message.

Cependant, si vous utilisez les solutions publicitaires de la plateforme, vous aurez l'occasion d'insérer un lien direct vers votre site et votre shop ...

Des mots puissants à utiliser dans vos CTA :

- OBTENEZ
- ACHETEZ
- ESSAYEZ
- APPRENEZ
- CONSTRUISEZ
- INSCRIVEZ-VOUS
- DÉCOUVREZ

Les hashtags dans Instagram

Le concept a été créé à l'origine sur Twitter.
Maintenant tous les médias sociaux ont adopté ce même principe, y compris Google+, Pinterest et ... Instagram.

D'emblée, les hashtags ont pris une grande importance dans l'utilisation courante d'Instagram.

Il est important de bien maîtriser tous ses aspects, car cela va être décisif pour votre visibilité !

Le principe

Les hashtags sont un mot ou un groupe de mots qui suivent le symbole # sans espace.
Le principe des hashtags est simple. Lorsque vous voyez un hashtag sur Instagram, en cliquant dessus vous avez automatiquement accès à toutes les publications dans lesquelles ce même hashtag apparait.

Les Hashtags, en effet, permettent :

- D'organiser et de trier l'information à l'intérieur d'un réseau social
- De mettre en évidence le contenu d'une publication
- De rendre les recherches plus pertinentes et de partager vos images avec un groupe de personnes beaucoup plus large que vos abonnés
- De rechercher les tendances populaires dans votre secteur
- De participer à des conversations et d'attirer l'attention d'autres abonnés
- D'identifier de nouveaux prospects
- De les utiliser de manière créative en créant vos propres hashtags
- Etc.

Si vous ne les utilisez pas, vous risquez de réserver vos publications uniquement à vos abonnés.
Cela peut-être une stratégie en soi, mais peu convaincante ...

Si vous les utilisez : quand quelqu'un fera une recherche via l'onglet Explore sur un des hashtags inclus dans votre légende, les instagrammeurs verront votre publication à certaines conditions.

Comment trouver les hashtags les plus pertinents ?

Vous est-il déjà arrivé de vouloir publier une image sur Instagram et de ne pas savoir avec quel hashtag utiliser ?
Ou comment découvrir quels sont les hashtags tendance que vous pourriez utiliser ?
Ou, tout simplement, comment élargir la liste de vos hashtags préférés ?

Il existe plusieurs méthodologies :

1. En tenant compte des hashtags suggérés par la plateforme lorsque vous commencez à compléter votre légende avec des hastags.
2. En faisant une recherche sur un hashtag pertinent pour vous. Pour en trouver d'autres, regardez les autres hashtags utilisés dans les meilleures publications sur cet hashtag.
3. L'une des meilleures façons de trouver des hashtags pertinents pour vos légendes Instagram est de regarder vos concurrents. Puisque ce sont les personnes avec lesquelles vous êtes en compétition, il n'y a aucun mal à regarder leurs légendes pour l'inspiration. Pouvez-vous repérer les hashtags communs qu'ils utilisent sur chaque publication ? Si c'est le cas, notez-les ou ajoutez-les à une liste de hashtags potentiels que vous pourriez utiliser à l'avenir.
4. Des applications peuvent vous aider :

Suggestions d'Hashtags

Liste les hashtags les plus populaires : uniquement à utiliser comme base de réflexion...

Nom	URL	Type	Prix
AutoHash	Play Store	Appli Android	Gratuit
Instatag	instatag.net	Service web	Gratuit
Get Instant Likes (SfSthetik)	Play Store	Appli Android	Gratuit
HashTags (Matteo Biasetton)	Play Store	Appli Android	Gratuit
Hashtags for promotion	Play Store	Appli Android	Gratuit
Hashtags pour Instagram (SW Infotech)	Play Store	Appli Android	Gratuit
Hashtagify me	hashtagify.me	Service web	Payant
Leetags	Play Store / App Store	Appli Android & iOS	Gratuit
Tag Blender	tagblender.net	Service web	Gratuit
TagsDock	App Store	Appli iOS	Gratuit
Tagomatic	App Store	Appli iOS	Gratuit
TagsForLikes Pro	Play Store	Appli Android	0.99€
ETC.			

Bon à savoir

- Si vous ne connaissez pas la signification d'un hashtag, vous pouvez questionner http://www.tagdef.com pour en connaître la définition.

- Si vous désirez connaître la popularité d'un hashtag : consultez http://www.hashtagify.me

Attention

Certains hashtags peuvent se retrouver "bloqués" par Instagram. Ce sont souvent des hashtags qui ont été utilisés de manière inopportune et qui ont fait l'objet des plaintes.

Ils sont faciles à détecter.
Si vous faites une recherche sur cet hashtag et que vous ne parvenez pas à atteindre la deuxième page de résultats, un message apparaitra comme quoi il s'agit d'un hashtag bloqué.

Surtout, ne les utilisez pas.
Votre publication, voire votre compte pourrait s'en trouver pénalisé.

Une liste (non exhaustive) des hashtags bloqués (avec quelques surprises …) est disponible sur : http://thedatapack.com

Ne soyez pas "lourd"

Le réflexe le plus répandu, quand on a trouvé une bonne série d'hashtags, est d'utiliser celle-ci sur chaque publication.

C'est une erreur.
D'une part, vous vous privez de vous positionner sur d'autres hashtags non repris dans votre liste.

Mais plus grave vous risquez d'être sanctionné par Instagram qui n'aime en rien les automatismes …

Les hashtags et vos cibles

Que sont les hashtags sinon des mots clés !

Comme en SEO, choisir les bons mots est primordial.
Mais choisir les mots clés qu'utilise réellement VOTRE cible est essentiel.

Prenons un exemple, en assurance, un particulier utilisera le mot "accident", alors que pour la même chose, un agent d'assurance utilisera le mot "sinistre".

Dans le choix de vos hashtags, pensez à cette problématique !

Les hashtags et leur popularité

Comme vous pouvez vous en douter, il existe des hashtags plus ou moins populaires.

Un hashtag très populaire sera utilisé sur de nombreuses publications, issues de comptes qui risquent d'être plus populaires que le vôtre.
Donc cet hashtag offre une potentialité d'intéresser un nombre important de personnes, mais sur lequel il sera plus difficile de se positionner dans les résultats de recherche du moteur d'Instagram.

À l'opposé, un hashtag moins populaire intéressera un public moins nombreux, mais offrira de meilleures possibilités de positionnement.

Prenez donc l'habitude de distinguer les hashtags en fonction de leur popularité :

- Faible : 1 à 50.000 publications
- Moyen : 50.001 à 250.000
- Élève : 250.001 et plus

Ces chiffres sont donnés ici à titre d'exemple.

La pratique vous montrera, dans votre secteur, comment ventiler vos mots en fonction de leur popularité.

Quand vous choisirez votre liste d'hashtags, il serait opportun de "mixer" votre choix en les hashtags des différentes catégories afin d'augmenter vos chances d'être visible.

En effet, il est préférable d'attirer peu de nouveaux abonnés avec des hashtags moins populaires que de ne pas en attirer du tout, par manque de visibilité, avec des hashtags très populaires. J'y reviendrai …

Mais comment utiliser au mieux les hashtags sur la plateforme ?

- Actuellement, Instagram autorise 30 hashtags par légende. Bien que cela puisse sembler peu, je vous conseille de mettre 10 hashtags maximum par publication. Ajouter une longue liste de hashtags pourrait vous donner l'air un peu trop désespéré...

- Pour rappel, lorsque vous établissez votre liste de hashtags, essayez d'utiliser un mélange de hashtags populaires et moins populaires. Les hashtags populaires ont une audience beaucoup plus large, mais une forte concurrence. Les hashtags moins populaires ont un public plus réduit, mais moins de concurrence.

- En utilisant des hashtags très pointus, vous obtiendrez moins de visites, mais des visites beaucoup plus qualifiées.

- Les hashtags doivent être placés dans la légende. Les mettre dans les commentaires ne semble plus être pris en compte par Instagram.

- Ils peuvent être placés à l'intérieur de votre texte ou à la fin de celui-ci. Certains séparent le texte et les hashtags par des pointillés.

- Prenez le temps de faire des recherches sur les hashtags associés à votre secteur, à vos activités, à vos produits. Et apprenez comment les utiliser au mieux.

- Constituez-vous des listes de hashtags référents que vous utiliserez pour enrichir la légende de votre photo.

- Gardez ces listes sur votre téléphone portable de manière à pouvoir facilement les copier-coller.
  Dans votre liste de hashtags, notez le nombre de publications s'y rapportant donc leur popularité (voir plus haut).

- Attention : ne collez pas les mêmes à chaque fois et faites des ajustements selon le message. Si vous utilisez constamment les mêmes hashtags sur tous vos publications, vous risquez le "shadow banning" (le déclassement, vos publications ne seront visibles dans les résultats du moteur de recherche).

- Si vous ne désirez pas mettre de texte, vous pouvez utiliser plus de hashtags (entre 15 et 30).
  Mélangez toujours quelques hashtags très populaires avec plus d'hashtags très spécifiques ...

Ne faites pas n'importe quoi !

- Assurez-vous de n'utiliser que les hashtags pertinents pour votre photo, sinon votre publication risque d'être considérée comme spam. Exemples, #love et #fashion sont parmi les plus populaires sur Instagram, mais si vous parlez de cuisine, ils ne seront pas acceptés !

- Vérifiez que vous utilisez un hashtag en respectant sa signification et son utilisation première. Sinon il s'agit d'un détournement d'hashtag et cela ne sera pas considéré favorablement. De plus, quand une marque le fait, le contrecoup peut être rude. Les Hashtags, une fois créés, ont des utilisations prévues qui, bien que non documentées nulle part. Utiliser un hashtag d'une manière qui s'écarte de la façon dont la plupart des gens l'utilisent peut donner l'impression que vous spammez les résultats de recherche et que vous ne respectez pas la valeur symbolique de l'hashtag. Si celui-ci est très émotionnel, cela peut provoquer des tornades …

Le cas Mc Do

- Les hashtags, une fois créés, ils n'appartiennent plus à leur créateur et ils peuvent être utilisés par tous. Et même détournés de leur signification initiale. Un exemple très connu de ce type de détournement est le cas de Mc Donald. Celui crée l'hashtag #McDStories pour promouvoir des histoires drôles ou émouvantes de clients ravis. En revanche, l'hashtag a été utilisé pour partager des récits d'intoxication alimentaire, partager des plaintes concernant le service à la clientèle et diffuser une image très négative de l'entreprise. En créant un hashtag aussi "flou", Mac Do a offert "un bâton pour être battu" par les clients insatisfaits …

Créer ses propres hashtags

Une entreprise peut avoir envie ou besoin de créer ses propres hashtags pour une campagne ou pour le positionnement de sa marque.

C'est très facile.
Pour rappel :

- Un hashtag est toujours "en un mot", pas de séparation.
- Il peut être diffusé avec certaines majuscules pour une facilité de mémorisation, mais celles-ci seront ignorées (l'hashtag est automatiquement reformaté en minuscule par la plateforme). Exemple : #TasseDeCafé deviendra #tassedecafé
- Il peut contenir des lettres accentuées

Avant de créer vos propres hashtags, réfléchissez bien et envisagez toutes les scénarios possibles. Demandez-vous si cela est bien nécessaire.
Prenez soin d'envisager vos réactions si la situation devait "déraper".
Posez-vous la question, s'il ne serait pas plus sage de simplement utiliser les hashtags déjà créés plutôt que de créer des hashtags uniques qui peuvent être utilisés contre vous.

Cette réflexion avant de franchir le pas est nécessaire et prudente.
Mais ce n'est pas parce que l'on est prudent qu'il faut être frileux.

Comme mentionné précédemment, les entreprises ont appris, parfois à leurs dépend, que les hashtags sont libres et ont une vie qui leur est propre.
Une fois créés, ils ne vous appartiennent plus et peuvent "prendre le pouvoir".

"Un hashtag est un outil de communication, et comme tout bon outil, il peut être utilisé pour construire ou démolir. Les Hashtags sont comme un mégaphone, et si vous en créez un, il a du pouvoir. Si vous allez plus loin et que vous faites de la publicité sur vos autres canaux médiatiques, vous lui donnez encore plus d'importance et de pouvoir." (Source : un spécialiste des réseaux sociaux dont j'ai oublié le nom – lors d'une Conférence)

Si l'on examine l'exemple cité précédemment et qui est un "cas d'école", celui de Mc Donald.
Ce n'est pas la création de l'hashtag #McDStories qui a posé problème, ce n'est même pas sa promotion sur les réseaux sociaux.

Ce qui a été problématique, c'est la façon dont la marque a utilisé sa communication dans son ensemble pour régler les problèmes et les insatisfactions de ses consommateurs.
Vouloir ignorer les plaintes et le niveau de négativité de son public est tout bonnement suicidaire.

Si une marque veut jouer la surdité par rapport à une situation des plus tendues, elle s'expose à "marcher sur des œufs" au niveau de sa communication. Et les dérapages deviennent alors trop faciles et rapides.
Donner un mégaphone à un public en colère : où l'agence de communication avait-elle la tête ?

Un hashtag peut être un canalisateur

Les entreprises doivent descendre de leur montagne et se rendre réellement compte que nous sommes dans l'ère de l'hyper communication.

Internet, les blogs, les forums, les réseaux sociaux et maintenant les avis clients et les sites comparatifs ont donnés la parole à tous (satisfaits comme insatisfaits). N'importe qui peut s'exprimer et surtout être entendu.

Ne pas organiser la communication de son entreprise en fonction de cela est équivalent à croire au Père Noël. Les entreprises qui agissent comme si rien n'avait changé et comme si tous leurs clients étaient satisfaits sont suicidaires.

Certaines entreprises vont même jusqu'à ne pas vouloir être présentes sur les réseaux sociaux. Comme si ne pas donner un espace d'expression allait empêcher les personnes de s'exprimer !

Les entreprises doivent écouter leurs clients et prospects. Et leur répondre.
Et surtout chercher à solution les problèmes posés, ce qui paraît une évidence, mais qui, dans les faits, n'est pas souvent le cas.

Les résultats :

- Les entreprises qui ne sont pas présentes ou pas réellement actives sur les réseaux ne sont pas conscients du taux de négativisme qui circulent autour d'eux
- Des opinions sont échangées entre clients, de compte privé en compte privé sans que cela ne remonte jusqu'à l'entreprise
- Aucun espace de parole n'est mis en place donc aucune stratégie de réponses et de solutions ne peut en découler
- Les insatisfaits prennent le pouvoir. Combien de hashtags de marque ont-ils été créés par des consommateurs en colère ?

Créer son hashtag de marque ne pourrait-il pas être équivalent à créer un espace d'expression pour que la marque puisse canaliser les énergies et maîtriser la situation ?

L'engagement est une arme de vente, mais aussi une arme de fidélisation … !

Voici quelques conseils si vous désirez créer vos propres hashtags :

- Veillez à créer des hashtags avec une signification et une fonction ciblée. Cela évitera qu'on les détourne. Par exemple, Mac Do avait créé un autre hashtag #MeetTheFarmers qui n'a pas été détourné comme #McDStories, car il est plus spécifique.
- Créez des hashtags brefs et faciles à comprendre.
- Rajoutez une majuscule à chaque mot pour faciliter la lecture des hashtags composés
- Ne créez pas de hashtags avec des noms de marque que vous n'avez pas l'autorisation expresse de gérer.
- Soyez créatif
- Pensez à l'aspect multilingue
- Protégez vos marques
- Utilisez-les sur les autres réseaux sociaux
- Déclinez-les dans toute votre Communication

Restez attentif

Dans le cadre, par exemple, d'un concours, il se peut que certains instagrammeurs utilisent l'hashtag du concours avec des images qui n'ont aucun lien avec celui-ci.
C'est une pratique malheureusement courante.
Certains utilisateurs de l'hashtag risquent de l'utiliser pour étendre la portée de leurs photos personnelles, et non pour participer au concours.
N'hésitez pas à les rappeler à l'ordre.
Même si hashtags sont incontrôlables, les instagrammeurs, eux, le sont ...

Bon à savoir

- Un hashtag très utilisé est #TBT. C'est l'abréviation de "Throwback Thursday", qui est une tradition sur Instagram de partager une photo du jeudi qui est d'une époque révolue. Donc vous ne devriez pas avoir peur de poster de vieilles images si elles sont bonnes.
- Mais que se passera-t-il si le jeudi vous avez oublié de partager votre ancienne photo ? Aucun problème, certaines personnes le font aussi le vendredi accompagné du hashtag #FBF (Flashback Friday ou Flashback du vendredi).
- Si vous faites de l'humour, vous pouvez employer les classiques #LOL ou #MDR, mais vous pouvez aussi utiliser #LMAO (Laughing my a off / Rire de moi tout simplement) ou #ROFL (Rolling on the floor laughing / Rouler sur le sol en riant) si vous vous adressez à un public anglophone ...
- Mais aussi, par exemple (il y en a des centaines) :
  - o #instamood : s'il est question de votre humeur
  - o #instagood : si vous êtes particulièrement fier de votre publication
  - o #igers : pour faire référence aux instagrammeurs
  - o #foodporn : si vous montrez votre assiette
  - o #nofilter : si vos photos ne sont pas retravaillées
  - o Etc.
- N'hésitez pas à vous tenir au courant des courants qui peuvent être intéressants d'exploiter pour vos publications !

Géolocalisation

Il est possible sur Instagram de géolocaliser vos photos et vos vidéos.

Les utilisateurs peuvent ensuite faire une recherche sur ce lieu pour trouver d'autres photos ou vidéos prises au même endroit.

Donc, géolocaliser certaines publications va vous permet d'augmenter les chances pour celles-ci d'être découvertes.

Votre usage de la géolocalisation va dépendre de :
- La pertinence de géolocaliser une photo, tous les sujets ne nécessitent pas d'utiliser cette fonction.
- Imaginez-vous une recherche sur un lieu de la part des non-abonnés et demandez-vous s'il est logique que la publication que vous avez l'intention de géolocaliser se retrouve dans ce résultat de recherche
- Est-ce pertinent de géolocaliser un lieu, dont de porter l'attention sur ce lieu (restaurants, boutique, etc.) si ce lieu ne vous appartient pas et ne vous apporte aucun avantage ?

Quelques conseils :
- Géolocalisez les lieux importants pour vous (bureaux, locaux, visites, etc.) et uniquement si cela a un intérêt pour vous.
- Incitez vos clients à géolocaliser leurs photos prises en vos bureaux. Cela permet à votre lieu d'être connu des abonnés de vos clients.
- Si vous participez à un salon ou un événement, une géolocalisation aura peut-être pour effet d'attirer d'autres visiteurs proches géographiquement.
- Les informations de localisation peuvent transmettre des informations supplémentaires, dans certains cas, et étendre la portée des messages.

Créer votre lieu dans Instagram

Si le critère "lieu" est vraiment important pour vous (boutiques, espace culturel, lieu touristique, etc.) vous pouvez créer votre propre "lieu".

Comment créer son "lieu" dans Instagram ? En passant par Facebook !

Si vous avez une page sur Facebook pour votre entreprise, transformez-la en page lieu, cela créera automatiquement le lien dans Instagram.

Première solution : revendiquer une page lieu

Si votre entreprise est dotée d'une présence physique, il n'est pas impossible qu'une page lieu soit déjà créée à son sujet (vérifiez-le !).

Si ce n'est pas le cas, sachez que Facebook vous offre la possibilité de revendiquer une page lieu.
Et ce de deux différentes manières : par téléphone ou à l'aide d'un processus de vérification par un document officiel.

Deuxième solution : le créer !

Si une page lieu n'existe pas, vous pouvez la créer.
Attention : cette fonctionnalité n'est disponible que sur l'application Facebook pour Android, iPhone et iPad.

Pour la marche à suivre :
https://www.facebook.com/help/175921872462772

Bon à savoir

Les pages "lieu" de Facebook offrent beaucoup de possibilités.

N'hésitez pas à consulter le guide qui s'y rapporte :
https://www.facebook.com/business/help/438938373108321

Ensuite, n'oubliez pas, une fois que vous avez "obtenu ce lieu",
de modifier les photos/vidéos prises dans ce lieu en les
géolocalisant...

En résumé

ELEMENT	FONCTIONNALITE	ALTERNATIVE
Texte	Insérez un texte qui renforce votre image, apporte plus d'informations ou raconte une histoire … Longueur maxi : 2200 caractères Longueur conseillée : 125 caractères	Texte plus long que la longueur conseillée, mais précédé d'un résumé.
Emojis	Vous pouvez ajouter ces symboles au sein de votre texte ou à la fin. Cela apportera un peu de légèreté. À ne pas utiliser sur toutes vos publications.	
CTA (appel à l'action)	Insérez un CTA si vous pensez que votre publication risque de susciter peu de réactions. À utiliser avec parcimonie. CTA non cliquable.	Le CTA peut avoir plusieurs formes et devenir cliquable grâce aux solutions publicitaires (payantes) d'Instagram.
Lien externe	Vous pouvez ajouter un lien dans votre légende, mais ce lien ne sera cliquable. Vos abonnés seront obligés de le recopier.	1. Grâce aux solutions publicitaires 2. Grâce aux solutions gratuites de liens multiples

		dans la bio (voir "outils").
Mention interne	Vous pouvez mentionner d'autres comptes (marques, influenceurs ou abonnés) dans votre légende ou en "taguant" votre photo partagée en indiquant leur compte précédé de @. Ne pas abuser de cette technique.	
Hashtags	Ajouter des hashtags dans votre texte ou en fin de légende. Choisissez-les avec soin, ils sont très importants pour la visibilité de votre publication. Nombre maximum : 30 Nombre conseillé : 10 maximum	Si vous ne désirez pas mettre de texte, vous pouvez utiliser plus de hashtags. Mélanger alors quelques hashtags très populaires avec davantage d'hashtags très spécifiques.
Géolocalisation	Uniquement quand cela se justifie et vous apporte un réel avantage	Lieu à créer (voir précédemment)

Les stories dans Instagram

Historique

Cette fonctionnalité a été inventée par Snapchat et a été intégrée dans Instagram en 2016.
Depuis, elle est proposée sur tout le réseau Facebook :
Facebook, Messenger et WhatsApp.

Plus qu'une fonctionnalité, les stories sont aujourd'hui un réel moyen de communication tant pour les particuliers que pour les entreprises.

D'après les derniers chiffres disponibles : les Stories sont consultées par 300 millions d'utilisateurs par jour et 33% des Stories les plus regardées proviennent des marques

Maintenant que la majorité des réseaux sociaux ont intégré ce format ou vont le faire, la course est aux fonctionnalités les plus innovantes : réalité augmentée, vidéo à 360°, extensions, etc.

Le principe

En anglais, le mot "story" est associé à des histoires courtes, des récits fictionnels. Mais les réseaux se sont rapidement approprié ce terme.

Une story consiste en une publication visible dès la page d'accueil de vos abonnés pendant 24 heures. Elle peut être composée :

- d'une photo (c'est aussi le moyen de faire un re-post)
- d'un ensemble de photos en diaporama
- d'une vidéo
- ou d'un ensemble de tout cela.

On peut y apposer des filtres et un ensemble de fonctionnalités qui ne cessent de se développer.

Elles entretiennent l'attrait de l'éphémère (24 heures), même si au bout de 24 heures, vos stories sont sauvegardées dans vos archives et réutilisables.
Vous pouvez également mettre une story "à la une".

Une photo, une vidéo postée de manière classique sera toujours consultable plus tard, mais une story, elle, disparaitra aux yeux de vos abonnés si elle n'est pas consultée à temps.

Certains spécialistes prétendent même que de plus en plus d'utilisateurs se concentrent sur les stories des comptes auxquels ils sont abonnés et ne regardent plus les publications dites "classiques".

L'utilisation marketing est évidente pour les marques : chercher à créer de la proximité avec ses abonnés en partageant des actualités, des contenus exclusifs, des "états d'âme", une plongée dans les coulisses de chaque entreprise, le quotidien de l'équipe, etc. !
De plus, l'éphémère laisse davantage place à une démarche plus fun, plus décalée.

Autre avantage : les stories sont affichées en haut des flux des utilisateurs, ce qui provoque un engagement accru puisque vos messages ne sont pas poussés vers le bas par les autres.

Enfin, vos abonnés reçoivent une notification quand certaines stories sont publiées.

Contrairement à Snapchat, Instagram fournit même des mesures d'engagement pour le contenu que vous ajoutez à vos histoires, ce qui vous permet de voir leur portée auprès de votre public et d'apporter les ajustements, si nécessaire.

Les avantages en termes d'e-réputation, de visibilité et de fidélisation de leurs consommateurs sont indéniables.

Trucs et astuces

Publier une story sur Instagram

Pour publier une story c'est simple : appuyer sur le bouton " + " qui se trouve sur le bord supérieur gauche de votre écran d'accueil sur Instagram.
Appuyez sur le cercle pour prendre une photo ou maintenez la pression pendant quelques secondes pour prendre une vidéo.

Une fois créée, vous pouvez ensuite modifier la photo ou la vidéo en ajoutant du texte (icone "A"), des emojis, en utilisant des filtres ou le bouton stylo.

Pour partager, cliquez sur "Terminé", puis "Publier". Vous pouvez également enregistrer votre story.

Zoomer pendant que vous filmez

Avec le même doigt qui retient le bouton pour prendre la vidéo, faites glisser vers le haut et vous verrez la vidéo zoomer.
Faites glisser de nouveau vers le bas pour faire le zoom arrière.

Cacher vos stories Instagram

Si vous n'avez pas envie que quelqu'un voit votre story ou de la partager uniquement avec les personnes que vous suivez, vous pouvez le paramétrer. Pour cela, avant de filmer ou prendre en photo un contenu que vous mettrez dans votre story, appuyez sur l'icône "Options de Story" en haut à gauche de l'écran et sélectionnez les personnes dont vous voulez bloquer l'accès.

Voir qui a regardé votre story Instagram

Si vous voulez voir qui a regardé votre story, tapez sur les "..." en bas à droite de votre photo ou vidéo. Vous verrez une liste de noms apparaître.

Conserver vos stories plus de 24H

Vos stories ne sont visibles que pendant 24 heures. Mais parfois, vous avez une story qui mérite d'être visible plus longtemps.

C'est là qu'intervient Stories Highlights, une fonctionnalité d'Instagram qui vous permet de mettre une story " à la Une" et la garder ainsi visible plus longtemps.

Vous pouvez supprimer des Stories Highlights à tout moment en appuyant et en maintenant l'icône concernée.

Une autre technique est de transformer votre story en publication et ainsi la conserver dans l'ensemble de vos publications.

Comment ajouter un lien directement dans votre story Instagram ?

Au départ, cette fonctionnalité, le "Swipe up" qui permet d'ajouter un lien dans sa story, était réservée uniquement aux comptes Instagram certifiés.
Maintenant tous les comptes ayant plus de 10 000 followers peuvent l'utiliser !

Ce critère reste néanmoins très restrictif, peu de personnes peuvent prétendre à ce nombre d'abonnés.

Pourtant cette fonctionnalité est dotée d'un important potentiel permettant d'augmenter considérablement votre trafic et vos ventes. Elle réduit le nombre d'étapes séparant de l'achat.

Comment ajouter des stickers (autocollants) à votre story

L'un des moyens les plus faciles d'ajouter de la personnalité et du style à vos histoires est d'utiliser les stickers d'Instagram (l'icône du visage souriant en haut à droite).

Les stickers peuvent être utiles pour donner plus d'indications à vos followers (par exemple l'adresse d'un magasin), poser des questions, créer des sondages, ajouter des GIF à une photo et inclure des informations pertinentes ou des CTA.

Les stickers peuvent être personnalisés.
Ils feront ressortir votre originalité et votre singularité.

Le Live sur Instagram

Les publications peuvent prendre une autre forme : la diffusion en direct.

Le format est de la vidéo.

Votre live reste visible pendant 24 heures si à la fin de l'enregistrement vous la publiez dans une story.

Dans Instagram, un live comporte plusieurs avantages :

- Lorsque vous lancez une diffusion en direct, vos abonnés en sont notifiés.
- Ils bénéficient d'un bon positionnement puisqu'elles apparaissent à droite sur la page d'accueil de vos abonnés.
- C'est une occasion unique pour eux de pouvoir réagir en direct et d'engager une vraie conversation.

La réelle problématique est de donner envie à vos abonnés "d'être au rendez-vous".

Surtout lors des premières diffusions, votre public sera peut-être davantage réticent.

Si vous en faites régulièrement et que vos sujets sont toujours pertinents, nous n'aurez sans doute pas trop de difficultés à créer un groupe fidèle à vos rendez-vous.

Quelques conseils

- Il est primordial de trouver des sujets de live intéressants et surtout, de trouver le bon moment pour capter votre live. S'il ne se passe rien de captivant, cela risque de se transformer rapidement en flop.
- Les événements que vous organisez ou auxquelles vous participez sont des occasions intéressantes. La démarche constructive sera toujours de vous demander ce qui va intéresser vos abonnés. L'auto promotion ou

l'égocentrisme peuvent être des armes "à double tranchant" ...

- Les interviews d'une personnalité peuvent être également intéressantes.
- Une démonstration de produit ou de service, dans la mesure où cela apporte un réel intérêt peut être pertinent. Il vous incombe alors de la commenter puisque vous en êtes l'instigateur...
- Transformer votre live en stories après son enregistrement est une bonne idée, car elle permettra à vos abonnés de voir ou revoir votre live pendant 24 heures.

D'un point de vue technique

- N'oubliez pas de tester votre matériel et de faire des essais avant votre live ...
- Démarrez avec une batterie pleine
- Pensez à demander à quelqu'un de vous seconder, notamment au niveau des commentaires sur Instagram, pendant celui-ci. Si vous pouvez disposer d'une petite équipe (image, son, commentaires), vous y gagnerez en qualité et en confort.
- Assurez-vous que votre réseau 4G est de qualité et que celui ne vous "lâchera" pas pendant la diffusion.

Repartager des publications

Une solution alternative à la publication de photos est de repartager des publications d'autres personnes.

Cette fonctionnalité est disponible sur plusieurs réseaux sociaux dont Facebook, Twitter et ... Pinterest, le grand concurrent d'Instagram.

Mais Instagram n'a pas voulu mettre cette fonctionnalité disponible sur sa plateforme, probablement pour stimuler la création et la publication d'œuvres inédites (l'idée de "vivre dans l'instant").

À mon sens, c'est une grosse erreur de la part d'Instagram, car le repartage correspond à un besoin.
Vous avez apprécié particulièrement une image publiée par une personne que vous suivez et voudriez en faire profiter votre propre communauté, vos abonnés. C'est légitime.
De plus le repartage (partage sur Facebook, retweet sur Twitter) permet d'agrandir la visibilité d'une publication et d'un compte puisqu'il est mentionné la personne qui l'a publié à l'origine.

Le seul inconvénient de la technique, c'est que certains ont tendance à abuser de cette technique puisqu'il est beaucoup plus facile de transférer une publication que de la créer ...

L'alternative pour Instagram aurait été de limiter le nombre quotidien de "re-post", mais pas de l'interdire. L'interdiction du repartage et de l'insertion de liens cliquables (hors liens publicitaires) ont fait fuir beaucoup d'entreprises qui pourtant étaient disposées à apporter beaucoup à la plateforme.

Même si la possibilité de repartager la publication d'un autre instagrammeur n'est pas une fonctionnalité native sur Instagram, de plus en plus d'utilisateurs le font en utilisant l'une de ces techniques, preuve que le besoin existe :

Via une application

- L'utilisation une application externe comme, par exemple, "Repost" de Red Cactus (iOS et Android) vous permet de reposter directement sur votre compte Instagram par une procédure très simple. Ou par l'utilisation d'une application de type Hootsuite. D'autres applis proposent le même système.

Quelques solutions

Nom	URL	Essai	Prix	Autres services
Hootsuite	App Store & Play Store hootsuite.com	Compte gratuit	25€ / mois	Célèbre gestionnaire de réseaux sociaux permet de gérer tout au même endroit avec des fonctionnalités avancées.
InstaRepost	Play Store instarepostapp.com	Gratuit	----	Contrairement à "Repost", ne copie pas la légende du post d'origine ...
Later	App Store & Play Store later.com	Compte gratuit	$9, $19, $29, $49 /mois	Fonctions avancées & Reporting. Aussi 3 autres réseaux sociaux
Quick Reposter	App Store	Gratuit	----	
Repost for Instagram	App Store & Play Store repostapp.com	Gratuit	----	
Story Reposter	App Store	Gratuit	----	Pour les stories d'Instagram.

Par une capture

- Vous pouvez réaliser une capture d'écran de la publication. Vous pourrez ainsi la republier sur votre compte, en la recadrant. N'oubliez pas d'indiquer la source (celui qui l'a publié).
- Autre solution : des applications vous permettent de télécharger une image ou une vidéo d'Instagram directement sur votre mobile. Solution pour PC, consulter la publication choisie sur le site stragram.com qui permet le téléchargement direct ...

Par une story

- Vous pouvez repartager une photo ou une vidéo en faisant une story : cliquez sur l'icône "cerf-volant" puis "ajouter à votre story" puis publiez.
- Si vous désirez la conserver plus de 24h, vous pouvez transformer votre story en publication ...

Sur les autres réseaux sociaux

- L'application vous permet de partager vos publications sur Facebook, Twitter ou Tumblr. Il s'agit bien d'un repartage mais vers un autre réseau social ... Vous pouvez donc cliquer sur les 3 petits points et copier l'URL de la publication.
  Vous pouvez grâce à ce lien à la partager sur le réseau social de votre choix ...

Mise en garde

- J'insiste sur le fait qu'il est essentiel de bien mentionner la source (l'émetteur initial) de la publication dans la légende. Sinon, vous risquez d'être interpellé, voire insulté. Le copyright est un sujet très sensible sur Instagram.

Bon à savoir

- Vous pouvez demander l'aval de l'auteur de la photo avant de la reposter. Si l'auteur ne fait pas encore partie de vos abonnés, c'est très bonne occasion d'attirer son attention ...

Comment publier en pratique

Il existe, principalement, 6 solutions pour publier sur Instagram.

Chacune ayant ses avantages et ses inconvénients, elles ne sont pas incompatibles. Pour une utilisation professionnelle, il est même conseillé d'un choisir au moins 2 …

1. Via l'application sur portable

C'est la solution la plus traditionnelle.
On télécharge l'application et toutes les manipulations de publication se font via le smartphone.

Avantages
- La simplicité
- Toujours disponible, surtout en déplacement

Inconvénients
- Il faut une bonne maîtrise du portable pour faire des copier-coller, insérer du texte, gérer les images, etc.
- Capacité de stockage limitée à celle du portable.
- Dépendance aux applications disponibles pour le montage ou le travail sur les photos.
- Limites des possibilités techniques de l'appareil.

2. Via l'interface mobile

Comment de poster sur Instagram à partir de votre PC (Windows ou Mac) avec un simple navigateur ?
Grâce aux extensions "User Agent Switcher"

Ces extensions de navigateur (Chrome et Firefox principalement) permettent de simuler l'utilisation d'un autre système d'exploitation et d'un autre type de matériel. Et dans le cas qui nous occupe, on peut "simuler" l'utilisation d'un iPhone ou d'un téléphone Android.

Au départ, ces extensions ont été créées pour les développeurs de sites web et d'applications qui avaient besoin de tester leurs réalisations dans d'autres environnements.

Quand vous activez cette extension sur votre navigateur web, Instagram "voit", dans le cas qui nous occupe, un utilisateur d'Android ou d'iPhone (au choix).

Comment cela fonctionne-t-il ?

L'utilisation de cette extension sur votre PC vous permet d'exploiter un assouplissement des règles d'utilisation d'Instagram.
En effet, la plateforme a décidé d'autoriser ses utilisateurs à publier des photos à partir du navigateur web de leur smartphone ou de leur tablette (auparavant seule l'application le permettait).

De ce fait, comme vous simulez l'utilisation d'un smartphone ou d'une tablette, Instagram vous autorise à gérer votre compte via la version mobile de son interface qui permet la publication contrairement à la version "non mobile" qui ne le permet pas.

Avantages

- Gratuit
- Installation facile.
- Choix de nombreux plug-ins de ce type sur tous les navigateurs dignes de ce nom …
- Toujours disponible.
- Facilement activable et désactivable en un clic.
- Permet l'utilisation de la souris et du clavier.
- Donne accès au stockage des données de votre PC ou d'un de ses périphériques.

Inconvénients

- L'interface mobile ne doit pas être confondue avec l'application. Il s'agit d'une interface qui permet la publication (contrairement à la version classique du site web), mais toutes les fonctions ne sont pas présentes.
- Peu paraître "suspect" à Instagram (et surtout à Facebook) en cas d'utilisation prolongée et régulière.

Donc en résumé

- Installez l'extension sur votre navigateur favori via https://addons.mozilla.org ou https://chrome.google.com/webstore/
- Activez l'extension et choisissez "Android" ou "iPhone"
- Connectez-vous à votre compte Instagram via instagram.com
- Publiez comme avec votre smartphone

3. Via l'application mobile installée sur PC

Savez-vous qu'il est possible d'utiliser l'application Instagram (et donc toutes ses fonctionnalités) sur votre PC ?

Comment ?

En exécutant un émulateur Android.

Cela peut paraître un peu compliqué pour les non-geeks. Mais, sachez qu'il existe des solutions simples et d'autres réservées aux spécialistes. Donc, ce n'est pas inaccessible ...

Ces émulateurs permettent de faire tourner le système d'exploitation Android à l'intérieur d'un logiciel (Windows ou Mac) ou, parfois, d'un plug-in. Grâce à cela, vous pourrez installer toutes applications que vous désirez, dans cet "espace", comme sur un portable.

Pourquoi ?

Ces logiciels de virtualisation ont été créés pour les développeurs d'applications, mais surtout pour les joueurs. Vous vous en rendrez vite compte en visitant les sites conseillés que les gamers sont bien de la cible principale de ces logiciels.

Les avantages sont les mêmes que pour les plug-ins de navigateur, mais sans les inconvénients.

Avantages

- Aussi simple à utiliser qu'un logiciel traditionnel.
- Gratuit pour la plupart.
- Permet l'utilisation de la souris et du clavier.
- Donne accès au stockage des données de votre PC ou d'un de ses périphériques.
- Toutes les fonctionnalités de l'application sont disponibles puisque vous utilisez l'application native comme sur votre smartphone.

Inconvénients

- Certaines solutions nécessitent des connaissances techniques (mais pas toutes).
- Certains logiciels peuvent être incompatibles avec certains composants (le processeur souvent, parfois la carte graphique) de votre PC.
- Quelques-uns sont gourmands en ressources (mémoire notamment).
- Le principal souci est de comprendre comment le partage des fichiers entre le PC et l'espace Android peut se faire facilement. Et permettre à l'application d'y avoir accès...

Liste indicative

- Celui qui donne le plus de satisfaction au plus grand nombre de personnes et qui est le plus simple à utiliser est NOX : www.bignox.com
  Il est gratuit, s'installe facilement et est assez complet. C'est celui que j'utilise.
  Pour le partage des fichiers : le programme crée un répertoire du côté PC
  (C:\Users\Nom_Utilisateur\Nox_share) et dans Nox (File Manager/mnt/shared in Nox) qui permet l'échange de fichiers dans les deux sens.

Autres applications

- Menu est le second choix : www.memuplay.com
  Il est comparable à NOX, mais parfois versatile …
- Le leader est Bluestacks 3 : www.bluestacks.com
  Il est très lourd et gourmand en ressources …
- Bliss : github.com/BlissRoms
- Genymotion : www.genymotion.com
  Réservé aux "connaisseurs" mais très puissant.
- KoPlayer : www.koplayer.com
- Etc.

4. Les applications tierces

Certaines applications installables sur votre smartphone permettent d'ajouter des fonctionnalités à l'application native d'Instagram. Elles permettent notamment de planifier à l'avance vos publications.

Avantages

- Mêmes avantages de l'application Instagram.

Inconvénients

- Mêmes inconvénients également.

Liste indicative

Nom	Plateformes
Apphi	Android & iOS
Do It Later	Android
Instadom	Android
Later	Android
Picpost Scheduling Tool	Android & iOS
Planoly	Android & iOS
Postcron	Android & iOS
Prime for Instagram	iOS
Scheduler	Android
Schedulio	Android
Social Scheduler	Android

Liste non exhaustive et sujette à modification.

5. Les solutions Saas

Les solutions Saas sont des applications qui sont hébergées chez l'éditeur ou un prestataire de services sur le web.
Elles sont uniquement consultables en ligne grâce à un simple navigateur web. La plupart proposent également une application pour mobiles.
Elles nécessitent une inscription et, pour la plupart, un abonnement.

Avantages

- Pas d'installation, pas de mise à jour. Une inscription suffit.
- Elles sont accessibles de partout, une simple connexion suffit.
- Elles sont consultables sur PC (Windows et Mac), mais souvent également sur smartphone (Android et iPhone).
- Peu d'exigences en termes de puissance du matériel.
- Elles permettent à plusieurs personnes de collaborer facilement grâce aux accès multiples et aux droits d'utilisation paramétrables.

Inconvénients

- L'interface est parfois compliquée sur certaines solutions.
- Le coût peut être élevé surtout si on a besoin de nombreuses fonctionnalités et/ou d'un nombre important de comptes de connexion.
- Dépendance de la qualité de la bande passante.
- Nécessité de fournir les codes d'accès pour chaque compte géré par l'application (sécurité).

Liste indicative

Nom	URL	Essai	Prix	Autres services
Agorapulse	agorapulse.com	14 jours d'essai gratuit	39€, 79€, 159€, 239€ /mois	Statistiques, concurrence, reporting. Gère aussi 5 autres réseaux sociaux
Buffer	buffer.com	Compte gratuit	15$, 99$, 199$, 299$ /mois	Statistiques, reporting. Aussi 5 autres réseaux
Crowdfire	App Store Play Store	Compte gratuit	$9.99 / mois	Application iOS & Android. Aussi pour Facebook, Instagram, YouTube, Twitter, Pinterest, LinkedIn, Wordpress, Etsy, Shopify, Medium, 500px, Vimeo, etc.
Hootsuite	hootsuite.com	Compte gratuit	25€ / mois	Célèbre gestionnaire de réseaux sociaux permet de gérer tout au même endroit avec des fonctionnalités avancées.
Hopper	hopperhq.com	14 jours d'essai gratuit	19$ / mois	Editeur d'images. Instagram, Facebook & Twitter
Iconosquare	iconosquare.com	14 jours d'essai gratuit	39€, 79€ /mois	Statistiques, concurrence, reporting. Aussi Facebook
Later	later.com	Compte gratuit	9$, 19$, 29$, 49$ /mois	Fonctions avancées & Reporting. Aussi 3 autres réseaux sociaux
Magnify	Play Store	Compte gratuit	$5 / mois	Intègre automatiquement vos listes d'hashtags en fonction des thèmes que vous avez créés …
Onlypult	onlypult.com	7 jours d'essai gratuit	15$, 25$, 49$, 79$ / mois	Statistiques, concurrence, reporting.

Postgrain	postgrain.com	Compte gratuit	$6.90 / mois	Editeur d'images
SproutSocial	sproutsocial.com	30 jours d'essai gratuit	$99, $149, $249	Multi réseaux et fonctionnalités très étendues. Pour pros exigeants
Sumall	sumall.com	Gratuit	----	Service basique.
Tailwindapp	tailwindapp.com	30 pots gratuits	$9.99 / mois	Pinterest

Attention :

Si vous êtes intéressé par la planification de publication, vous devez savoir que celle-ci va fonctionner différemment si vous avez un compte perso ou un compte pro.

Le compte pro va vous donner accès à l'API d'Instagram, via l'application que vous avez choisie et permettre la publication automatique (sans validation ultérieure).

Par contre, si avez un compte perso, l'application enverra une "proposition de publication" sur votre portable que vous devrez valider avant que celle-ci ne soit publiée (beaucoup moins intéressant comme fonctionnalité).

6. Via logiciels

La dernière alternative est l'utilisation de logiciels.
Vu le développement du SaaS et de ses nombreux avantages, l'utilisation de logiciels est en fort déclin, mais ils gardent, malgré tout, certains atouts.

Avantages

- Installation sur un PC personnel ou un serveur
- Coût unique à l'achat et pas de mensualités à payer (sauf exception). Donc ils sont, le plus souvent, économiques à moyen et long terme.
- Vos données sont (en principe) davantage protégées, car gérées en interne.
- Accès aisé aux membres du personnel habilités (sur serveur)

Inconvénients

- Ils nécessitent l'utilisation d'un serveur (classique ou VPS) pour les tâches planifiées ou un PC personnel qui reste continuellement allumé.
- Certains peuvent réclamer une certaine puissance du matériel utilisé.
- Peu nombreux sur le marché.
- Les fonctionnalités sont parfois réduites face à la compétition aux fonctionnalités innovantes des solutions en ligne.

Liste indicative

Celui

Nom	URL	Essai	Prix	Autres services
Gramblr	gramblr.com	Gratuit	----	Application qui vous permet de télécharger des

214

				photos ou des vidéos sur Instagram à partir de votre PC (Mac & Windows). Obligation de laisser son ordinateur allumé pour assurer les publications programmées.

Choisir le bon moment

Parmi les questions fréquemment posées sur les réseaux sociaux, celles-ci reviennent systématiquement :
- À quelle fréquence dois-je partager des publications ?
- À quelle heure du jour ou de la nuit dois-je publier ?

Si vous désirez une réponse pertinente à ces deux questions, je dois m'y prendre en trois étapes : 1 mise en garde, 2 questions et (enfin) 1 réponse ...

La mise en garde

Concernant les heures idéales de publication, faites attention aux chiffres sous forme de tableau ou d'infographie que vous trouverez sur Internet et que beaucoup de blogueurs reproduisent sans vérifier.
Ces heures idéales de publication sont :
- Des moyennes donc peu précises
- Tous secteurs et profils confondus
- Mais surtout très souvent basées sur des statistiques venant des États-Unis en fonction de modes de vie sensiblement différents des nôtres.

Les questions à se poser

Tout simplement :
- À quelle fréquence vos cibles (prospects) consultent-ils leurs réseaux sociaux et Instagram en particulier ?
- À quelle heure ont-ils l'habitude de se connecter ?

La réponse

Si vous n'avez pas répondu à ces questions ou si vous avez des doutes, je vous conseille d'analyser votre compte.
Notez à quelles heures vos abonnés laissent le plus souvent un commentaire ou font un like.

Ce sont vos heures et timings de références !

Vous pouvez également, pendant deux semaines, poster à des heures différentes, à titre d'expérimentation. Si vous avez accès à vos statistiques, n'hésitez pas à les parcourir.
Faites une moyenne et vous aurez une réponse beaucoup plus précise du comportement de VOTRE public.

Vos abonnés fidèles, ceux qui réagissent souvent à vos publications, à combien d'entre elles réagissent-ils par jour, si vous postez à certaines heures.
C'est sans doute LE facteur le plus important vu l'algorithme d'Instagram.

L'autre partie de la réponse sera une réflexion de bon sens : vous devez imaginer un équilibre entre le fait de garantir votre visibilité sur le réseau, votre intérêt à recruter de nouveaux abonnés et le risque de faire fuir certains, si vous publiez trop et trop souvent.

Le rythme

Pour une question de visibilité, je vous conseille de publier tous les jours 1 à 3 photos/vidéos
Et de vous concentrer le plus possible sur la qualité et la pertinence de vos publications.

Pour provoquer plus de fidélité, je vous conseille de choisir un rythme de publication et vous y tenir.

Bon à savoir

J'espère que vous aurez rapidement un grand nombre d'abonnés fidèles et très engagés.

Quand ce sera le cas, vous pourrez tenir compte du fait qu'ils "attendent" probablement vos publications.

Prenez conscience que publier chaque jour à la même heure ... c'est prendre un rendez-vous avec vos abonnés, en quelque sorte ... À méditer.

Un peu de soutien logiciel ?

Si vous désirez un peu d'aide pour savoir à quelle heure de la journée vous toucherez le plus d'abonnés, certaines applications peuvent vous aider !

La plus connue, Prime, fait partie des applis d'analyse temporelle pour Instagram.

Celles-ci vous apporteront des pistes pour l'organisation et la planification de vos publications.
Elles emploient un algorithme de traitement des données pour déterminer les heures auxquelles vos utilisateurs se connectent, leurs habitudes et leurs activités en lien avec votre compte.

Grâce à ces analyses, elles vous indiqueront les meilleurs horaires pour que vos contenus soient le plus visibles.

Vous disposerez de données concrètes sur la portée de vos contenus et les réactions qu'ils suscitent.

Get analytics	getanalytics.co	iOS
Minter	minter.io	SaaS
Prime for Instagram	primeforinstagram.com	iOS
Unum	unum.la	iOS & Android

Le Workflow

Le cadre

La ligne éditoriale est un ensemble de règles destinées à garantir sur le long terme une harmonie entre (et dans) les contenus. C'est un cadre qu'il faut respecter ou modifier, s'il de correspond pas à la réalité quotidienne de l'équipe rédactionnelle.

Il a comme avantages :

- D'instaurer la mise en place de contrôles en interne. Ces autocontrôles, croyez-moi, sont bénéfiques et vous éviteront de produire des contenus similaires ou dissonants.
- De disposer d'un document de référence permettra également au sein d'une équipe d'arbitrer plus aisément sur les choix et la priorisation des sujets. La ligne éditoriale peut également éviter des conflits en comité de rédaction.
- De proposer à votre cible un contenu rédactionnel clairement identifiable. Votre ligne éditoriale étant alors associée à un certain positionnement, votre production générera de fait un attachement plus fort, car il correspond aux attentes de vos abonnés.

Y a-t-il des normes de qualité ou des normes éditoriales que vous imposez à votre équipe ? Sinon, il est grand temps !

Les permissions

Ensuite, vous devez définir clairement
- Qui peut créer des images
- Qui les approuve
- Qui les publie
- Qui gère les contacts avec les abonnés
- Et qui met en œuvre le plan global à long terme ?

Le calendrier

Comme dans les grands sites de presse ou de contenu, n'hésitez pas à planifier vos publications.

Il suffit de mettre en place un calendrier de publication
C'est-à-dire élaborer un plan clair de programmation de vos publications sur Instagram, avec :
- La liste des sujets à aborder
- Les dates de publication
- Le planning des prises de vue
- La planification de la rédaction des légendes qui seront affichées et des hashtags choisis
- L'insertion dans les agendas des personnes concernées
- Etc.

Ce travail n'est pas si compliqué et certaines applications pourront même vous aider à mettre en place facilement cette façon de travailler (voir la rubrique "comment publier en pratique").

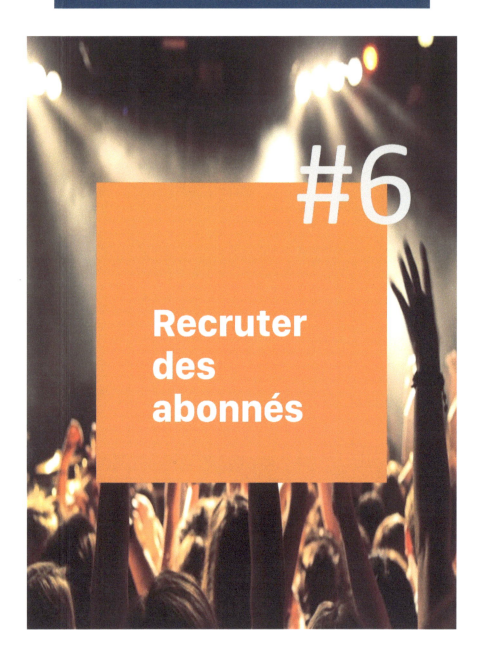

#6

Recruter des abonnés

Recruter des abonnés

Lorsque vous aurez créé votre profil Instagram, vous n'aurez aucun abonné le premier jour.
C'est toujours un moment embarrassant, car on ne sait pas toujours par où commencer.

Mais c'est le même problème pour tout le monde que vous soyez un particulier ou une grande marque !
Il va falloir passer de zéro à 10, puis de 10 à 100, avant de pouvoir passer de 100 à 1 000 et ainsi de suite.

Voici une méthode simple et accessible à tous pour accélérer cette acquisition d'abonnés le plus rapidement possible. Vos efforts doivent être récompensés et vus par le plus grand nombre.

Quelle est la "taille critique" ?

C'est une question qui revient régulièrement : à partir de combien d'abonnés mon compte devient crédible ?
La question est justifiée et la réponse délicate.

Savez-vous que certains commerçants sur les marchés payent des personnes pour rester devant leur échoppe et se comporter comme s'ils étaient des clients ?

Pourquoi ? Parce qu'une échoppe vide ne donne pas envie à des clients de s'arrêter, tout comme un restaurant désert n'inspire pas confiance ...

Sur les réseaux sociaux, le même problème peut se poser.
Un compte qui ne comporte pas d'abonné (ou peu) à tendance à laisser une impression de "peu intéressant" ...

La "taille critique" sera différente selon les comptes, les secteurs et les marques, mais pour une petite entreprise, le fait d'avoir 1 000 abonnés ou plus semble être une norme minimale acceptable.

Une question de moyen ?

Avez-vous déjà regardé les profils des médias sociaux de grandes entreprises très connues et vous êtes-vous déjà demandé pourquoi le nombre de leurs abonnés ne semblait pas correspondre à la notoriété de ces entreprises ?

Il est, en effet, courant que les grandes entreprises aient beaucoup de mal à convaincre les internautes de s'abonner à leurs chaînes.
Celles-ci ont pourtant des budgets publicitaires très importants et des armées entières de spécialistes marketing ! Mais malgré cela, ils ne peuvent pas obtenir plus que quelques centaines d'abonnés sur certains réseaux sociaux.

Parallèlement, des étudiants sans ressources parviennent à avoir des dizaines de milliers d'adeptes et des millions de vues sur ces mêmes réseaux sociaux.

Des publications de qualité sur votre compte vont vous aider naturellement à recruter des abonnés.

Mais, vous avez tout intérêt à mettre en œuvre des actions complémentaires pour accélérer cette acquisition.

Petit coup de pouce (ou pas) ?

Que cela vous plaise ou non, le nombre d'abonnés que vous avez est l'une des principales méthodes avec laquelle les internautes vérifient votre crédibilité.

La vérité, c'est qu'il y a des choses qui n'arriveront pas à moins que quelque chose d'autre n'arrive en premier.
C'est le concept du catalyseur.
Votre repas ne deviendra chaud que si vous le mettez dans le four.
Votre profil Instagram ne se développera jamais de façon rapide si vous n'utilisiez pas un catalyseur approprié.

Dans cette rubrique, je vous conseille de nombreux catalyseurs.
Ils ont tous fait leurs preuves.
Mais ils donneront des résultats rapides à certains et un peu plus longs à d'autres. Cela dépendra de nombreux facteurs (secteurs, publications, attrait, personnalité, communauté existante, et bien d'autres aspects).

Certains comptes nouvellement inscrits veulent gravir les marches rapidement.
Le plus souvent, plus le compte appartient à des personnes ou à des marques connues, plus l'urgence d'avoir rapidement un grand nombre d'abonnés se fait sentir.

D'où la tentation de certains "Community managers" d'acheter des abonnés.
De nombreuses firmes proposent ce service, une petite recherche sur Google vous donnera une liste ahurissante de fournisseurs souvent situés dans des pays à bas salaires.

Je ne vous dirais pas si c'est bien ou si c'est mal. Ce n'est pas dans mes habitudes d'être un moralisateur. Je vous dirais qu'il y a des choses qui fonctionnent et d'autres pas ...

Je ne vous dirais pas que c'est illégal, car ça ne l'est pas (dans son utilisation basique).
Mais je vous signalerais seulement que c'est interdit par Instagram !
Si vous faites "prendre", vous risquez de vous faire bloquer votre compte ...

Si vous désirez courir ce risque, voici quelques conseils :
- Faites cela sur un compte encore vierge ou presque. Si vous risquez de le perdre, vous pourrez toujours en créer un autre sans trop de dégâts.
- Faites quelques publications avant votre commande.
- Choisissez un prestataire avec soin, car il existe beaucoup d'escrocs et de "cowboys" avides d'argent facile.
- Commandez des comptes francophones ou, si ce n'est pas possible, des comptes européens.
- Et choisissez des comptes avec photos et abonnés qui ont un minimum de crédibilité. Il est très facile de créer des comptes "fantômes" avec des robots, comptes qui seront rapidement détectés comme suspects.
- Commandez un nombre restreint d'abonnés à la fois et si possible, trouvez des prestataires qui vous proposent des abonnements (x abonnés par semaine ou par mois pendant un laps de temps, cela paraîtra plus naturel que de recevoir 3.000 abonnés en un jour).

Si vous avez respecté tous ces conseils :

- Attendez avant de lancer vos autres actions pour voir si vous êtes détecté ou pas.
- Continuez entretemps de publier
- Dès que cela semble OK et que vous avez atteint un certain nombre, stoppez votre campagne.
- Commencez vos autres actions décrites ci-après, car :
  - o Il faut que vous ayez bien conscience que les abonnés récoltés par cette technique (rappelons-le interdite par Instagram) seront des abonnés inactifs. Ils ne feront que provisoirement grimper votre compteur pour en attirer d'autres (des vrais). Vous ne recevrez aucun like ou commentaire de ceux-ci ...

Comptez sur votre communauté existante

Souvenez-vous que plus vous avez d'abonnés (si possible engagés) et plus vous allez devenir attractif pour d'autres instagrammeurs ayant des centres d'intérêt similaires.

Votre première stratégie pour acquérir les premiers abonnés motivés est de faire appel à votre communauté existante.

Pour ce faire Instagram vous propose trois possibilités :
1. Si vous avez un compte Instagram professionnel, lier ce compte à votre profil Facebook professionnel vous permet de facilement retrouver vos contacts qui sont eux-mêmes déjà sur Instagram. Il est fort probable que ceux-ci vous suivront en retour.
   De plus, vous pourrez partager vos publications Instagram sur Facebook directement.
2. Consulter votre carnet d'adresses sur votre smartphone et effectuer la même opération.
3. Envoyer une invitation à tous vos contacts qui ne sont pas présents sur la plateforme pour qu'il y ouvre un compte et automatiquement vous suivent …

L'avantage des deux premières possibilités, c'est qu'en invitant des contacts existants (collègues, collaborateurs, amis, famille, clients, prospects, fournisseurs, etc.) vous pouvez agrandir votre réseau rapidement de personnes qui connaissent déjà votre entreprise.

Inviter des personnes n'ayant pas de compte à s'inscrire fourni un gros avantage à Instagram. Mais vous pouvez aussi, à cette occasion, faire découvrir la plateforme à des personnes qui ne la connaissent pas et apparaître ainsi comme un précurseur ...

Dans le même esprit, communiquez l'URL de votre compte Instagram, ainsi que de vos autres réseaux sociaux sur :

- Votre site web
- Votre signature e-mail
- Vos cartes de visite
- Vos imprimés
- Vos PLV
- Vos tarifs
- Etc.

Si vous réservez un contenu exclusif à Instagram, ne ratez aucune occasion de le mentionner ;
"Autres informations et photos disponibles sur notre Instagram".

Signalez également votre présence sur Instagram sur vos autres réseaux sociaux (Twitter, Facebook, LinkedIn, etc.) et inversement !

Enfin, si vous avez une newsletter, vous pouvez régulièrement inviter vos clients et prospects sur votre compte Instagram.

Suivre, aimer, commenter

Lorsque votre compte comptera quelques centaines ou plus d'abonnés.
Et quand il aura publié quelques dizaines ou centaines de publications, vous pourrez vous tourner vers les autres instagrammeurs et attirer l'attention sur votre compte.

1. Suivre d'autres comptes

Si vous décidez de suivre d'autres comptes qui sont dans votre thématique et si vous êtes remarqué, il est une coutume assez courante que ces comptes vous suivent en retour.
C'est une technique qui fonctionne, mais pas systématiquement.

Bon à savoir

- Instagram ne permet pas de suivre plus de 7000 personnes.
- Les personnes qui utilisent ces techniques uniquement pour être suivi en retour attendent quelques jours et s'il n'y a pas de réciprocité, se désabonne du compte.
- Des softwares (interdits) permettent d'automatiser ces actions.
- Des sites d'échanges de Follow ou de Likes vous permettent d'automatiser ces actions.

Des tests internes démontrent clairement que le seul fait de suivre des instagrammeurs susceptibles d'être intéressés par vos publications et d'attendre qu'ils vous suivent en retour (follow for follow) est d'une efficacité limitée.

C'est-à-dire qu'environ 10% de vos abonnés vous suivront en retour.

Donc si vous désirez recruter 700 abonnés, vous devrez probablement en suivre 7.000 si vous n'utilisez que cette technique.

Il est donc pertinent de coupler cette technique avec d'autres ...

Par contre, veillez à suivre les personnes qui ont aimé vos images de produits ou qui les ont commentées. Ce sont des prospects intéressants pour vous ou des clients que vous ne connaissez pas !

Nous verrons plus loin comment procéder avec intelligence et utiliser toutes les ressources d'Instagram à bon escient.

2. Aimer / Liker

Vous pouvez également aimer la publication d'un autre instagrammeur (double clic sur l'image).
De nombreux "Community managers" pensent que le chiffre magique, en la matière, est 3.

Liker 3 publications du même compte en même temps semble être l'idéal pour attirer l'attention du propriétaire de ce compte. Un seul "like" n'est pas souvent pas suffisant.

Ce qu'il y a de bien dans le fait d'aimer les images des autres instagrammeurs, c'est que cela n'aura pas les conséquences négatives associées au fait de suivre beaucoup de comptes. En d'autres termes, les gens ne vous accuseront pas d'être un spammeur si vous likez 100 ou 200 images par jour.

Bon à savoir

Soyez rapides. Lorsqu'une image est téléchargée dans Instagram, les premiers likes obtiennent leurs noms d'utilisateur affichés sous l'image. Mais au-delà de 10 likes, il est simplement dit "11 likes", et les noms sont cachés. Ainsi, aimer une image immédiatement après son téléchargement permet à votre nom d'utilisateur d'être affiché sous l'image jusqu'à ce que plus de 10 personnes l'aiment.
Si l'auteur est toujours en ligne, il peut le remarquer …

Astuce

Au niveau rapidité, une autre technique a également de gros avantages.
Il s'agit d'identifier les instagrammeurs qui viennent de réagir à une publication que vous avez trouvée intéressante.
Dès que vous avez repéré la personne, allez sur son compte et likez trois de ses publications.
L'astuce réside dans le fait que comme ils viennent de réagir, ils sont probablement toujours connectés à leur compte Instagram et trois likes permettent réellement d'attirer leur attention et les faire réagir.
Et peut-être de vous suivre ...

3. Commenter

Si en revanche, vous préférez commenter une publication, faites-le avec doigté.

Les commentaires stéréotypés ou peu spontanés risquent de provoquer l'effet contraire de celui escompté.

Vous pouvez également poser une question sur l'image ce qui provoquer un dialogue avec le compte, mais aussi ses abonnés.

Lisez les commentaires laissés sur plusieurs comptes que vous appréciez pour vous imprégner du "ton" le plus juste à avoir et qui correspondent, bien entendu, à votre personnalité !

4. Ou les mentionner

Une autre technique consiste à mentionner certains comptes (qui ne sont pas parmi vos abonnés) dans la légende d'une de vos photos ou dans un commentaire que vous laissez sur une publication (la vôtre ou celle d'un autre compte), si cela est justifié. Il est contre-productif de le faire à mauvais escient.

Reposter une de leurs publications (comme vu précédemment) en prenant bien soin de les mentionner et de créditer la photo dans la légende est également un moyen d'attirer l'attention sur votre compte.

Astuces

D'après certains spécialistes, la technique la plus efficace est d'effectuer des actions combinées. C'est-à-dire combiner abonnement + likes.

La technique est simple : ils s'abonnent à un compte et font 1 à 5 likes en même temps sur le même profil.

Il semble que de cette façon, le taux d'engagement est beaucoup plus important.

Prenez garde aux chiffres

Sur Internet, si vous faites quelques recherches, de nombreux blogs ou sites vont vous donner des conseils. Donner un conseil, c'est une chose. Donner un conseil pertinent, c'est autre chose …

Par exemple, si on vous conseille de suivre tous les abonnés de vos abonnés pour faire grandir votre public plus rapidement.
OK, réfléchissons.
Disons que vous avez 100 abonnés Instagram et vos abonnés en ont chacun 50.
Cela fait 5.000 abonnés potentiels. Alléchant, n'est-ce pas ?

Mais il y a un problème : si vous suivez 5.000 personnes, mais que vous n'avez que 100 abonnés, vous aurez l'air d'un spammeur.

Donc si vous ne voulez pas avoir l'air d'un spammeur et que vous tenez à votre réputation d'entreprise, gardez un équilibre entre le nombre de personnes que vous suivez et le nombre de personnes qui vous suivent et n'envoyez pas de messages négatifs à vos abonnés potentiels.

Voici comment procéder.

Procédez étape par étape

Si vous avez détecté 2.000 personnes qui représentent votre cible de prospects potentiels, vous ne devez pas essayer de les suivre et d'attirer leur attention en un seul coup comme nous l'avons vu.

Commencez à les suivre en procédant par petits lots de 40 à 50.
Après les avoir suivis, aimez leurs images régulièrement pour qu'ils vous voient dans leur fil d'actualité. Cela améliorera les chances qu'ils vous remarquent et vous suivent.
Et attendez quelques jours.

Vous verrez qui vous suit.

S'ils vous suivent, vous devriez les considérer comme étant intéressés par vous, vos produits ou votre entreprise. Ou du moins, ils sont intéressés par ce que vous avez publié sur votre compte.

S'ils ne vous suivent pas en retour, à vous de déterminer s'il est intéressant pour vous de continuer à les suivre ou s'il est préférable de vous désabonner de ces comptes afin de préserver votre ratio abonnements/abonnés (voir plus haut).

Ensuite, renouveler l'opération sur le lot suivant de 40 à 50 prospects.

Une deuxième et troisième étape que vous pouvez prendre est de commencer à aimer et à commenter leurs images.

Il s'agira enfin d'instaurer un contact direct et d'ouvrir le dialogue.

Quelques conseils pour le "follow for follow"

- Exclure les comptes privés
- Ne pas prendre les comptes avec trop peu d'abonnements (ils risquent fort de ne pas faire de réciprocité)
- Limiter les follow à ceux qui ont posté dans la dernière semaine. Les plus efficaces à rendre le follow sont ceux qui ont posté dans les dernières 24h.
- Exclure les comptes pro (risque de non-réciprocité également)

Pour éliminer les profils que vous avez suivi et qui ne vous ont pas suivi en retour, il existe de nombreuses solutions.

Une application peut vous le permettre facilement :
"Clean for Instagram" vous permet de vous désabonner en quelques clics des abonnés fantômes, des robots ou mettre des abonnés en "liste blanche".

Nom	URL	Type	Prix
Cleaner for IG	App Store	Application iOS	Gratuit

Comment trouver les bonnes personnes à suivre ?

Avec le temps, vous vous rendrez compte que la publication d'images n'est qu'une partie de l'effort marketing sur Instagram. La deuxième partie, et probablement la plus importante, est l'activité continue de suivre, d'aimer et de commenter pour agrandir votre Communauté.

Mais comment identifier les bonnes personnes à suivre sur Instagram ?
Et comment faire en sorte que les bonnes personnes vous suivent ?

Visez un public qualifié

En fait, il est beaucoup plus pertinent de suivre des prospects potentiels que de suivre des personnes de façon aléatoire. Votre comportement social doit être intentionnel et ciblé.

Ne suivez pas des instagrammeurs parce qu'ils ont de jolies photos. Suivez ceux qui sont de bons prospects.

Suivre les abonnés de vos contacts

Si vous souhaitez voir qui sont les abonnés et les abonnements d'un de vos contacts, vous pouvez les découvrir sur le profil de celui-ci (dans "*Abonnés"* et "*Abonnements*" à côté de leur photo de profil).

Vous pouvez ainsi découvrir des abonnés potentiels intéressants s'ils correspondent à vos cibles

Concernant vos concurrents vous pouvez faire de même sous le couvert de votre profil ou d'un deuxième profil créé pour l'occasion.

Animez votre "communauté"

Il existe de nombreux moyens d'animer une Communauté. Un ouvrage entier pourrait être consacré au sujet.

Le but d'une animation de Communauté est de pousser plus loin la relation que vous avez amorcée avec vos abonnés.

Concrètement :

- Ils sont venus spontanément vers vous ou vous êtes d'abord allé vers eux
- Ils ont décidé de vous suivre
- Vous cherchez à poster des informations qui les intéressent ou qui les touchent
- Ils vous le rendent en likant ou commentant vos publications

C'est déjà très bien, mais il est peut-être temps d'aller plus loin ...

Pour cela, dans le cadre de ce livre, je vais vous citer cinq actions très simples qui peuvent dynamiser votre Communauté :

1. Répondre aux commentaires

Vos abonnés prennent la peine de laisser des commentaires.
La réaction de beaucoup de propriétaires de comptes Instagram
est de ne pas répondre.

Pourquoi un abonné a-t-il laissé un commentaire ?
Parce qu'il avait quelque chose à exprimer ou parce qu'il voulait
introduire un dialogue.

Mais, dans les deux cas, n'a-t-il pas envie de savoir s'il a été lu ?
S'il a cette attente, quel va être sa réaction si vous restez muet ?

Je pense que de répondre aux commentaires est répondre à un
besoin primaire des individus, qui est de se sentir entendu ...

Je vous conseille d'investir du temps pour répondre aux
commentaires et ainsi nouer une relation respectueuse avec vos
abonnés !

2. Mentionnez vos abonnés dans vos messages

Si vos abonnés ont déjà réagi à d'autres messages similaires, vous pouvez les interpeller quand vous postez un message qui a un rapport avec l'interaction précédente.

Par exemple, si un de vos abonnés (exemple, @laurentperrier) a dit qu'il n'aimait pas quelque chose dans la publication précédente, vous pouvez l'interpeller, par exemple, avec "je pense que cette couleur plaira davantage à @laurentperrier".

Attention par cette technique de ne pas vous engager dans un dialogue qui exclut vos autres abonnés.

L'idéal est d'être à même de citer plusieurs abonnés afin de ne pas être dans le dialogue.

Et, pourquoi pas de poser ensuite une question pour interpeller le reste de votre communauté : "et vous vous en pensez quoi ?".

3. Envoyer des photos en privé à vos abonnés

Publier des photos pour tous vos abonnés (et les autres) n'est pas la seule façon de partager du contenu sur Instagram.

Vous pouvez également les partager avec des utilisateurs individuels ou multiples, un peu comme un message Facebook.

Si vous savez que cette image va particulièrement intéresser certains de vos abonnés, c'est un bon moyen de leur faire plaisir.

Vous pouvez le faire avec une de vos photos (choisissez une photo dans votre galerie et accédez à la page "Partager", appuyez sur le haut où il est automatiquement indiqué "Nouveau message", mais lorsque vous y êtes invité, sélectionnez "Message direct". De là, vous pouvez choisir à qui vous souhaitez envoyer la photo.

Vous pouvez également le faire avec la publication de quelqu'un d'autre (cliquez ensuite sur l'icône en cerf-volant située sous le message, puis sélectionnez la personne à qui vous désirez l'envoyer).

Qui a dit : "le petit cadeau entretienne l'amitié" ?

4. Envoyer des messages privés

Dans le même esprit, vous pouvez envoyer des messages à certains de vos abonnés sur quelque chose qui peut vraiment les intéresser ...

Un conseil : n'utilisez pas cette fonction comme une solution d'e-mail marketing, ce n'est pas son but, cela risque d'être mal accepté et, s'il y a des plaintes, vous risquez d'être sanctionné par la plateforme.

Donc à utiliser avec doigté !

Soignez votre positionnement sur la recherche interne

Toutes les actions que vous pourriez entreprendre auprès des autres instagrammeurs que nous venons de voir sont très importantes.
Mais une des meilleures stratégies les plus efficaces à long terme est d'être en adéquation avec l'algorithme d'Instagram
Le but étant d'obtenir un bon positionnement de vos publications dans les **résultats de recherche**.

Car une énorme source d'abonnement provient du moteur de recherche interne d'Instagram.

Cela provient d'un changement de mentalité et de comportement.
Les internautes ont davantage confiance dans les réseaux sociaux qu'auparavant et, comme ils y passent de plus en plus de temps, ils y concentrent davantage d'activités (publications, discussions, nouveaux contacts, etc.)
Alors, de plus en plus d'utilisateurs font une recherche dans les réseaux sociaux dont ils sont membres avant d'essayer sur Google s'ils n'ont pas trouvé ce qu'ils cherchent.

Google a d'ailleurs déclaré que les principaux concurrents de son moteur de recherche sont les réseaux sociaux puisque de plus en plus d'internautes les consultent en premier !

Donc beaucoup d'instagrammeurs vont chercher de l'information ou des images via le moteur de recherche interne d'Instagram.

Il est donc primordial d'être bien positionné sur celui-ci.

Le nouvel algorithme d'Instagram tient compte d'énormément de paramètres.

Comprendre l'algorithme d'Instagram

Ou comment faire émerger ses publications du flux énorme d'Instagram.

Au départ, les publications que vous partagiez sur votre profil étaient visibles de tous et classées par ordre antéchronologique (les dernières publications en première position) dans le fil d'actualité de vos abonnés.

Mais Instagram comme Facebook (son propriétaire), aiment changer constamment d'algorithme, en principe, pour rendre leur plateforme plus performante. Donc ce principe d'antéchronologique s'est complexifié.
Ces modifications constantes et sans avertissement sont un vrai casse-tête pour les consultants en social marketing.

Cependant, si vous ne comprenez pas les bases de l'algorithme développé par Instagram, vous risquez de vous épuiser à recruter des abonnés qui ne verront jamais vos publications ou presque.

Instagram essaie de créer un fil d'actualité de   susceptible d'intéresser vos abonnés.

Pour correspondre le plus possible aux centres d'intérêt de ceux-ci, l'algorithme va prendre en compte le comportement et l'engagement de chacun d'entre eux.

Il va donc potentiellement analyser pour chaque instagrammeur :

- L'historique de ses consultations
- Ses clics sur la publication pour consulter la légende
- Ses likes
- Ses commentaires
- Ses visites du profil lié à la publication (clic sur lien du compte de l'auteur ou repris dans la légende s'il s'agit d'un repost)
- Temps passé sur ce profil
- Ses critères de recherche dans le moteur interne
- Ses publications (thème, légende, hashtags, etc.)
- Etc.

Comme on peut le remarquer, les critères d'"'engagement" sont devenus essentiels pour la visibilité de vos publications.

D'autres critères entrent en ligne de compte au niveau du maintien d'une publication dans le fil d'actualité :

- La récence du contenu (d'où l'importance de poster au bon moment, comme nous l'avons déjà vu, c'est-à-dire quand vos abonnés sont en ligne).
- L'engagement pour la publication (de nouveau !) de la part de vos abonnés, mais aussi de vos non-abonnés. Un fort pourcentage d'engagement a généralement lieu dans les 4 à 6 premières heures.
- Le temps passé sur consultation de la publication.
- Le rythme de publication de l'auteur
- Son nombre d'abonnés
- Etc.
-

En résumé

- Comme l'engagement autour de vos publications est devenu le premier critère de l'algorithme du fil d'actualité d'Instagram, utilisez toutes techniques déjà vues et notamment les CTA pour provoquer cet engagement.
- Il est primordial de poster au bon moment quand la majorité de vos abonnés sont connectés
- Partagez des publications qui créent de l'engagement donc qui intéressent réellement votre communauté.

Donc, désormais, votre publication ne peut apparaître qu'en haut du flux d'un utilisateur si elle bénéficie d'un certain niveau d'engagement.
Cet engagement certifie à Instagram que votre publication est populaire et devrait être visible par plus d'instagrammeurs.

De plus, afin de vous classer au plus haut niveau, votre message doit recevoir un engagement immédiat. Si votre message reçoit des commentaires et des lokes, mais pas dans les premières heures après sa publication, Instagram risque de ne pas la mettre en valeur.

Cela peut sembler injuste. Si vous essayez d'accroître votre audience en partageant du contenu utile, mais que vous n'avez pas beaucoup de followers pour le moment, il est deux fois plus difficile de voir vos publications.

Donc vous devez être patients et stratégiques pour obtenir un maximum de visibilité sur le moteur de recherche interne d'Instagram.

Les mots clés employés dans les hashtags, la régularité de vos publications, le trafic sur votre compte et l'engagement de votre communauté vont donc grandement influencer votre positionnement dans ses résultats de recherche.

Les hashtags pour être trouvé

Les recherches sur Instagram se font à partir de mots clés.

Il est donc important que les mots clés qui se trouvent dans les hashtags que vous avez employés dans vos légendes correspondent aux mots clés que les instagrammeurs vont employer.

Vos statistiques vont vous donner de bonnes indications sur les mots clés (hashtags) les plus employés.
L'analyse des hashtags les plus populaires et les plus spécifiques comme nous l'avons vu précédemment sont également une bonne source de renseignements.

Postez du contenu que vos abonnés apprécient

Pour créer un nombre important de visites et pour obtenir un engagement significatif sur votre compte, vous devez proposer un contenu de qualité et qui correspond à ce que vos abonnés ou vos futurs abonnés désirent.

Cela peut sembler évident, mais nous le voyons continuellement négligé.
De nombreux instagrammeurs se font, avant tout, plaisir et publie du contenu sur eux-mêmes, sur leur vie privée ou sur leurs hobbies, ce qui n'intéresse personne à part eux-mêmes.
Ils ne sont pas Beyonce ou Rihanna et n'ont pas encore une horde de fans qui sont curieux de savoir ce qu'il mange pour le dîner ...

Si vous désirez vous faire des clients, découvrez ce que vos clients aiment voir sur Instagram ou quels sujets ont de l'importance pour eux.
Et remplissez votre compte avec des photos qu'ils vont rechercher et liker.

Une bonne façon de découvrir ce que vos clients aiment est de vérifier ce que vos concurrents affichent (s'ils sont populaires et qu'ils ont un engagement constant).
Vous pouvez également choisir quelques-uns de leurs abonnés et consulter leurs sites Web, leurs blogs ou leurs comptes sur d'autres réseaux sociaux pour avoir une idée précise de ce qu'ils aiment et de ce qui les intéresse.

Si vos publications sont pertinentes. Si vous avez choisi des photos qui déclenchent une émotion, provoquent des questions qui suscitent des idées, vos abonnés vont réagir et faire grimper votre visibilité dans les résultats de recherche d'Instagram.

N'oubliez pas vos appels à l'action

Sur Instagram, l'engagement est roi.

Si vous publiez du contenu populaire, vos abonnés vont réagir. Mais il se peut que certaines de vos publications soient moins interpelantes ou que vos abonnés "restent sans voix" ...

N'oubliez donc pas d'y ajouter, de temps en temps, pas à chaque fois, des appels à l'action, comme, par exemple, des questions : "qu'en pensez-vous ?", "n'est-ce pas magnifique ?", etc.

Vous pouvez considérer cela comme une manière de rappeler à vos abonnés :

- Que vous attendez leurs réactions
- Que leur avis compte
- Qu'ils peuvent être autre chose que passifs
- Qu'ils peuvent s'impliquer

Rappelez-vous, la chose la plus importante dont vous avez besoin pour améliorer votre visibilité (et donc votre recrutement de nouveaux abonnés) est l'engagement.
Vous avez besoin qu'ils soient intéressés par votre contenu, qu'ils se sentent personnellement impliqués et qu'ils le manifestent.

Les encourager doucement à être réactifs fait des merveilles pour cultiver cet engagement !

Visez donc l'engagement maximum.

Et surveillez vos statistiques.

Par exemple, passer de 0,1 à 1 % d'engagement peut être un objectif réaliste.

Plusieurs études publiées sur les comptes de grandes marques présentes sur le réseau ont montré que les niveaux d'engagement étaient en moyenne supérieurs à 5 % (pour 100 abonnés, 5 aiment ou commentent un contenu), soit 80 fois plus que sur Facebook et 160 fois plus que sur Twitter. (Source Nielsen)

Mais sachez que certaines photographies ont plus de 10 % d'engagement sur Instagram, donc restez modestes !

Publiez régulièrement

Autre paramètre qui va influencer l'algorithme d'Instagram est votre régularité de publication.

De nombreuses études le montrent, si vous publiez une fois par semaine 7 photos, vous serez moins bien positionné que si vous publiez 1 photo par jour pendant 7 jours ...

De plus, publier en masse un tas d'images en une seule connexion pourra être considéré un peu comme du spam ou du harcèlement et vous nuire.

L'idéal est de poster tous les jours.

Soit une seule fois, soit avec un intervalle d'environ trois à quatre heures.

Certains préféreront poster plus souvent ou, en revanche, tous les deux jours.

À vous de tester, mais il s'agit d'un conseil qui a fait ses preuves.

Cette régularité qui va plaire à l'algorithme d'Instagram, mais aussi à vos abonnés peut être assumée manuellement, car vous pouvez vous le permettre.

Mais elle peut également être plus facilement gérable grâce à des applications qui vous permettront de planifier vos publications à l'avance. Par exemple, vous pourrez le lundi matin, planifier vos publications de la semaine. Si entretemps, vous désirez postez d'autres photos, vous pourrez le faire, mais, de cette façon, vous êtes persuadé que votre publication quotidienne sera garantie même si vous êtes très occupé. Consultez la rubrique "comment publier en pratique" pour plus de renseignements.

Les partenariats

Les partenariats sont une manière plus sophistiquée de recruter de nouveaux abonnés / prospects.

En effet, pour suivre le principe : "l'union fait la force" trouver des partenaires fiables est toujours une bonne solution.

Vous avez votre propre Communauté.
Le partenaire potentiel gère la sienne.
Pourquoi ne pas faire un échange de visibilité ?

Comment procéder ?

Le principe doit toujours être la réciprocité.
C'est plus sain et plus facile à faire accepter.
Et créer une complicité avec des fabricants ou des personnalités en vue est toujours positif et peut être suivi d'effets à plus long terme ...

Le principe est simple : grâce à une publication (ou plusieurs) vous faites en sorte d'attirer l'attention sur votre partenaire auprès de vos abonnés.
Et inversement, il fait de même auprès de ses abonnés.

Faites-le toujours avec le consentement de votre partenaire et pas à son insu.
Voyez avec lui s'il s'agit d'un "one shoot" ou si l'opération peut être renouvelée, voire être systématique ...

Comment trouver de bons partenaires ?

Voici quelques pistes :

- Toute entreprise, de la plus petite à la multinationale peut s'associer à d'autres entreprises.
- Par contre, aucun de vos concurrents ne va être un bon partenaire potentiel !
- Choisissez plutôt un partenaire qui a une activité complémentaire à la vôtre. Par exemple, un fabricant de chapeaux ou de chaussures, si vous vendez des robes ou des tenues raffinées. Un fabricant de bougies, si vous fabriquez des bougeoirs ...
- Si vous optez pour un partenaire qui a le même profil d'abonné, vous avez plus de chances qu'il accepte. Mais n'hésitez pas à contacter un plus important que vous, en argumentant que "les petits ruisseaux forment les grosses rivières" comme le prétend le dicton populaire ...
- Favorisez un partenaire qui cible le même type de prospects que vous. Comme vous n'êtes pas concurrent, cela ne devrait pas poser de problèmes et être très "win-win" !
- Si vous représentez ou commercialisez certaines marques qui ne vous appartiennent pas, les fabricants de ces marques sont des partenaires idéaux ...

Taguer une photo

Comme nous l'avons déjà vu, vous pouvez étiqueter une photo que vous publiez.

Dans le cas d'un partenariat, vous pouvez étiqueter une photo de produit de votre partenaire ou encore mieux, une photo où votre produit et celui de votre partenaire apparaissent en même temps.

Pour reprendre un exemple déjà cité, vous pouvez étiqueter les chaussures de votre partenaire qui sont portées sous une de vos robes.

Citation dans les hashtags

C'est le même principe pour les hashtags dans votre légende, citer votre partenaire sera toujours apprécié.
Ces choses prennent du temps, mais cela en vaut vraiment la peine !

Les influenceurs

Vous savez déjà que les influenceurs sont très présents sur les réseaux sociaux.
Instagram et YouTube sont les deux réseaux où ils sont les influents.

Certaines estiment que 92% des consommateurs font davantage confiance à un influenceur qu'à une publicité.
Alors qu'ils ne font pas autre chose que de la promotion de marques.
Ils sont suivis par plusieurs milliers (voire millions) d'abonnés. Ils tirent des revenus des partenariats réalisés avec les marques (via des agences d'influence ou des plateformes spécialisées).
Ces influenceurs ne sont donc pas inaccessibles.
Vous pouvez les contacter et négocier un partenariat (financier ou autre).

Vous pouvez également potentiellement vous positionner face à leur public, en mentionnant leurs profils dans la légende de certaines de vos publications.
Il faut, bien entendu, que cela soit justifié.
Ne le faites pas de façon "spammy" !

Pensez-y : les influenceurs veulent toujours partager quelque chose dans lesquels ils ont été mentionnés. Cela renforce leur statut d'influenceur.

Même celui que vous avez tagué ne répond pas, cela ne signifie pas que vous avez échoué. Les influenceurs peuvent commenter votre message avec un simple "merci pour la mention", et vous pourriez avoir une tonne de nouveau trafic sur votre contenu.
Car si ses abonnés remarquent que leur influenceur préféré a commenté votre publication, il y a de fortes chances qu'ils vous prêtent attention.

Les outils d'analyse

Il existe de nombreuses applications d'analyse Instagram pour vous aider à suivre vos progrès et à découvrir les choses à améliorer.

Si vous avez un compte professionnel sur Instagram et plus de 100 abonnés, vous avez automatiquement accès à leur outil d'analyse gratuit, Instagram Insights.

L'outil Insights peut vous indiquer quand votre public est sur Instagram, quels messages sont les plus populaires et quelle est la portée de votre compte.

Malheureusement, vous ne pouvez utiliser l'outil que dans l'application (il n'y a pas de version de bureau), et il n'est ni le plus convivial, ni le plus complet, mais il fournit une bonne vue d'ensemble de vos analyses Instagram.

D'autres applications peuvent vous apporter des analyses soit plus poussées, soit sous un angle différent.
Ce qui est intéressant, c'est de mieux connaître les intérêts de vos abonnés et la manière dont ils peuvent s'engager davantage dans vos publications.

C'est également de savoir déterminer le meilleur moment pour publier, selon le moment où vos abonnés sont le plus susceptibles d'utiliser l'application et de s'engager.

Un autre aspect est de vous permet de créer des rapports exportables que vous pouvez distribuer à l'ensemble de votre équipe marketing.

Rapports qui vous permettront d'analyser les statistiques pour déterminer comment générer plus d'engagement et attirer de nouveaux abonnés.

Voici quelques outils :

Nom	URL	Type
Ink361	ink361.com	Saas
InstaFollow	App Store Play Store	Appli iOS & Android
Metricool	metricool.com	Saas
Pixlee	pixlee.com	Saas
Socialbakers	socialbakers.com	
Squarelovin	squarelovin.com	SaaS
Union Metrics	unionmetrics.com	Saas

Notes :
- Application iOS : applications destinées aux iPhones d'Apple, elles sont gratuites ou payantes suivant les cas et disponibles sur l'App Store (itunes.apple.com)
- Application Android : applications destinées aux smartphone Android, elles sont gratuites ou payantes suivant les cas et disponibles sur le Play Store (play.google.com)
- SaaS : signifie "Software as a Service" (logiciel en tant que service). Les applications sont hébergées par un fournisseur de service sur Internet. Elles sont accessibles via votre navigateur Internet. Elles nécessitent une inscription et souvent un abonnement.

Conclusion

Investissez du temps

Les conseils que vous avez lus ici ne vous seront d'aucune utilité si vous ne les appliquez pas.

Investissez donc votre temps dans les stratégies marketing appropriées et recrutez des abonnés actifs et susceptibles de devenir des clients et/ou des ambassadeurs de votre entreprise.

Gardez à l'esprit qu'un profil Instagram florissant avec des milliers d'abonnés ne se constitue pas du jour au lendemain.
Il faut du temps pour construire votre "communauté".
Soyez donc patient et obstiné !

La clé du succès réside dans la régularité et dans la volonté de créer et de publier des contenus intéressants encore et encore.
C'est la seule façon de construire un compte Instagram avec un réel retour sur investissement et de le garder en vie.

Derrière vos publications, il doit y avoir un plan de marketing.
Et la portée potentielle de votre contenu devrait être examinée avec soin.

Pensez également à l'amélioration constante de votre contenu et laissez-vous inspirer par d'autres canaux.

Interagissez avec votre communauté et développez des liens forts.
Vous découvrirez ainsi une autre façon de vendre, plus paisible, plus positive, plus humaine …

Fiche Technique d'Instagram

Identité	
Firme	Instagram, Inc.
Nationalité	Américaine
Adresse	1601 Willow Rd - Menlo Park, CA, 94025-1452 USA
Téléphone	(650) 543-4800
Création	6 octobre 2010
Créateurs	Kevin Systrom (Américain) et Michel Mike Krieger (Brésilien)
Propriétaire	Facebook (depuis 2012)
Investisseurs	Greylock Partners, Andreessen Horowitz, Benchmark, Thrive Capital, Sequoia Capital, Baseline Ventures (source : craft.co)
Fonctionnement	
Accès	Nativement via son application compatible : iOS (8.0 ou ultérieur), Android (3.0 ou ultérieur), Windows Phone 8 (ou ultérieur).
Autre(s) accès	Via navigateur avec des fonctionnalités réduites : instagram.com
Applications tierces	Nombreuses (des simples utilitaires aux applications "black hat")
Messagerie interne	Oui
Utilisateurs	Un milliard d'utilisateurs à travers le monde (juin 2018).
Age minimum requis	13 ans

Marché mondial	75 % d'utilisateurs en dehors des États-Unis
Concurrents directs	Pinterest, Snapchat, Facebook
Publicité	Oui via la régie de Facebook
Records	La photo la plus aimée compte 18 millions de mentions "J'aime" et est détenue par Kylie Jenner. Selena Gomez est la personnalité la plus suivie sur le réseau en 2018 avec 140 millions d'abonnés.
Contenu	
Nom de profil	30 caractères maximum
Texte de bio	150 caractères maximum
Post Instagram	2 200 caractères maximum
Nombre d'hashtags	30 maximum
Commentaires	1000 caractères maximum
Contenu	Photos (y compris gifs animés), vidéos (courtes ou plus longues via l'application IGTV), Textes (uniquement en légende des publications)

N'hésitez pas à consulter la suite de cet ouvrage :
" Instagram, techniques de vente avancées"

Sommaire
- Comment faire authentifier son Compte Instagram
- Comment protéger son compte Instagram (abus, piratage, shadow ban, etc.)
- Comment surveiller votre équipe rédactionnelle
- Instagram et votre veille
- Comment travailler concrètement avec les influenceurs
- Comment mettre en place des partenariats durables avec d'autres firmes
- Concevoir et mettre en place une campagne publicitaire sur Instagram de A à Z
- Faire une étude de marché
- Se connecter à des services tiers
- L'analyse des mots clés & les hashtags
- Créer & gérer sa chaîne IGTV
- Calculer le ROI des campagnes Instagram

www.ingramcontent.com/pod-product-compliance
Lightning Source LLC
LaVergne TN
LVHW012316070326
832902LV00004BA/74